# 退歩のススメ

## 失われた身体観を取り戻す

本文設計＋装丁：美柑和俊（MIKAN-DESIGN）
撮影：川本聖哉

# はじめに

私たち人間は何がしたいのか。どこへ向かおうとしているのか。誰ひとりとしてわかってはいない。また人類史を眺めても、いまだかつてそのことがわかった試しはないことだけは明らかだ。

農業など第一次産業に関わっている人は、季節や天候に従わざるを得ないことを知っており、そこで生きる上での方向性が与えられるかもしれない。

しかしながら、いまや文明の力を用いた農業は、季節感のない野菜や実る前から規格化されたF1種を育成、収穫するようになっている。もはや「自然」に従わざるとも、実りを得られるようになっているのだ。

畜産業や漁業も生産性を上げるために、牛や養殖魚にホルモン剤を投与し、急激に成長させており、その代償としての免疫低下を防ぐため、殺菌剤を投入する必要が生じている。その結果、「健康に良いおいしい牛乳！」「魚を食べれば健康にいい！」と銘打たれた商品を私たちと次世代の子供たちは日々口にすることになった。

近代化されたテクノロジーに依存する私たちは、食品に限らず土木や建築、林業、薬品、エネルギー、コンピューターに至るまで、人工的な操作と管理のシステム化へと一直線に歩を進めている。

生命に対する根本的な問いかけを行おうとするならば、これらの状況を「狂っている」と感じられるだけの感性を養う必要がある。この失われつつある感性を取り戻し、そこから考えていかないことには原点の問いへの答えには近づけないだろう。

私たちの身体欲求は、もう既に前代未聞の自動化された完全管理社会と、その社会形態に依存せずにはいられなくなりつつある。この欲求は個々の身体の中から自然と生じ、私たちはそれに対し共感を覚えている。そうして生じた感性がさらにフィードバックされて個々の感覚の規範となっていることに、はたして幾人が気づけるだろうか。

この狂った事態を普通と感じてしまう感性がある。だからこそ、もし、生命の根源を問うのであれば、これからの時代においては「退歩」を試み、自らの感覚を深く洞察し問うてみるしかない。さらには人という種が、退歩に共感できるだけの感性を今からでも養っていけるかが問われてくる。

過度の環境操作によって「我が物顔で自由自在に自然を操っている知的優越感」を私た

ちは大なり小なり感じている。それについて無自覚であるがゆえに、こうした身体性を共有する現代人は文明と近代化を根底から否定することが個人もしくは集団としてもできなくなっている。

「自分たちが見失ってしまった身体《わたし》」が、いつ失われ、どこへ消え去ったのか。今の私たちはいったい何者なのか。そのことを自身の内面を改めて一歩ずつ退歩しながら観て、問うて行く必要がある。

正直、この書籍が誰の為になるのか、何の役に立つのかはわからない。私の言葉を理解してもらえるかどうかもわからない。ふたりの対談が今の世に多少なりとも光を照らすことになるのか。あるいは傾奇者として世にあしらわれることになるのかはわからない。禅と武術という非日常的な視点から、この狂った日常を語らうことで一筋の光明になれるのなら、私としては納得の行く作品になったと言えるだろう。

世が狂い
狂わぬ者が
狂人よ

世は狂っている。それを普通に感じてしまう感性が狂っているのか。
世は狂っている。自分だけが狂っていないから周囲から狂人とされるのか。
世の中が狂っているなかで、冷静に居ようとする私が狂っているのか。
世が狂っていると私が思っているだけで、実は私一人が狂っているだけなのか。
世も私も皆も狂っていて、そもそも誰もが狂気の沙汰ゆえに正気が存在しないのか。

あるいは、この一句を読んで、別の見解を持たれる方もいるかもしれない。それについては、この書を読まれたあなた自身の内面を深く観察しながら考え、決めていただきたい。

光岡英稔

退歩のススメ

# 目次

# 第1章

# 足腰が消えた時代に生きている

**光岡**◎一照さんと初めてお会いしたのは、今から一〇年ほど前ですよね。実は私は子供の頃、両親に連れられて一照さんの師匠のさらに師匠にあたる内山《うちやま》興正《こうしょう》老師のお宅にうかがったことがあります。まだ幼かったので仏教に興味を持てず暇を持て余していたら、そんな私を見かねてか内山老師は折り紙を折ってくださったのです。

**藤田**◉そうなんですか！　それは知りませんでした。そうなると、内山老師とのご縁は僕よりもずっと早かったのですね。かつて京都にあった安泰寺の先輩で今はハワイにいるアメリカ人禅僧トム・ライトさんとも昔からすごく親しいとうかがっています。そういうご縁を知ると、光岡さんとは出会うべくして出会ったんだなあという思いを強くします。

一〇年前に光岡さんを訪れたのには実は訳があります。僕は坐禅を始めてもう三〇年あまりになりますが、その半ばを過ぎたあたりから坐禅に向かうアプローチについて色々疑問が浮かぶようになりました。もっと基本に立ち返って、まっさらなところから考え直さないといけないのではないかと思いだしたんです。その頃はアメリカに住んでいたので、アレクサンダー・テクニークとかフェルデンクライス・メソッドといったいわゆる「ボディワーク」も、坐禅を考え直す上で参考になるだろうと思って、いろいろ試してみました。それなりにおもしろいし、確かに学ぶことも多かったものの、まだ何かしっくりこないところがあったんです。

ちょうどその頃、古武術研究家の甲野善紀さんの本と出会ったことで、古武術の身体技法や考え方にヒントを見出し、また光岡英稔という武術家の存在を知りました。光岡さんに対する甲野先生の高い評価を知るにつれ、「ぜひこの人に会ってみたい」と思っていたところ、たまたま僕がアメリカから帰国中にチャンスが到来したのです。坐禅の縁で知り合った女性が岡山の光岡さんのお宅で稽古されており、彼女に連れられてお邪魔させてもらったというのが、初めてお会いしたときの経緯だったんですよ。

あの時、無謀にも初対面の光岡さんに「発勁《はっけい》を見せてください」とお願いしましたよね。今から思うと、厚顔無恥だった自分を恥じ入ります。

**光岡**◎たしかそうでしたね。

**藤田**◉「やりたくないんですよ。そんなことをやっても感覚が鈍るだけだから」と断られたのを「ぜひに」とお願いしました。胸のあたりに分厚い電話帳を二冊抱えて、その上からトンと打ってもらったのですが、その衝撃がすごくてどーんと後ろに持っていかれ、すごく驚いたのを覚えています。

それにしても、なぜ僕が武術やボディワークの本を読んだり、そういうことを実践している方にお会いして話を聞いたりしているかというと、それもこれも禅や坐禅の奥深さをもっとリアルに体で理解するためです。

たとえば、『現代坐禅講義《げんだいざぜんこうぎ》』（佼成出版社）という本を書いた際、主に参考にしたのは武術やボディワークの本でした。そして、ヨーガや野口整体、気功などを指導している方たちとの対談も収録しました。こう言ってしまうのもなんですが、仏教関連の書籍は僕の問題意識を深めるには、あまり役に立ちませんでした。今回、光岡さんとじっくり対談することで、さらに新しい局面が開けて、今よりもっと奥へと考察を進められるきっかけになるのではないかとワクワクしていて、とても楽しみにしています。

**光岡**◎私も禅についていろいろお尋ねしたいことがありますので、よろしくお願いします。

では、さっそくですが、この写真を見ていただきたいのです。ご覧の通り女性が米俵五俵を担いでいますよね。撮影された年代は大正末か昭和初期と言われています。

**藤田**◉えっ、なんですかこれは。すごい写真ですね。米俵一俵は何キロでしたか？

**光岡**◎一俵六〇キロですから計三〇〇キロです。これを見て、この身体観や身体性に共感できますか？

五俵担ぎ（写真提供：JA 全農山形）

**藤田**◉いや、これはちょっとできないですね。普通のおばさんがこういうことをできるというのは、しかも涼しい顔をして当たり前にやっているというのは、共感しにくいです。どうしても「こんなこと無理だろう」という感じが立ち上がってきます。

**光岡**◎ですよね。けれども米俵一俵が六〇キロに定められたのは、「成人であればだいたい担げるだろう」という理由だそうです。つまり手頃な重さということです。

**藤田**◉六〇キロが手頃な重さだったという時代があった⁉　今はスーパーで売っている米で大きいサイズは一〇キロでしたっけ？　それを持って帰るにも一苦労という人が多いんじゃないですか。まあそもそも、自分でかついでもって帰ろうというような人はめったにいないでしょうけど。

**光岡**◎コンビニだと一キロくらいのサイズが置いてます。どんどん軽くなっていますから、五俵と言わずとも一俵を軽々と持ち上げる身体性に、私たちはもう共感できません。

私のところへ稽古に来る人は子供のとき、おじいさんに「若い頃、友達の家から米俵二俵を担ぎ、二時間かけて帰ったんだ」と自慢話をよく聞かされたそうです。彼は「そんなの嘘だ」と思っていた。同じようなことをしている人を見たことも聞いたこともないからです。昔の「普通の体」に対して共感できないわけです。

それを踏まえて言うと、いま私の主宰する稽古会で起きている現象として特徴的なのは、昔なら当たり前にできた**しゃがむ格好ができない人がどんどん増えている**ということです。

おもしろいのは、しゃがめないけれど地べたには坐れます。どうするかと言うと、地面に坐るときに手をついているのです。介添えがないとうまく坐れない。本来ならば、立つ格好から坐るまでの間に「しゃがむ」がないとおかしいわけで、その間が抜け落ちています。これは若い人に限らずけっこう見受けられます。

昔は自宅の庭だけでなく公園だとか野外で焚き火をする光景を目にするのは普通でした。火を熾《おこ》すにはしゃがまないといけません。それに風呂は薪《まき》で沸かすのが当たり前だったから、火を熾すのも火加減もしゃがんでやりました。

ましてウオッシュレットどころか家庭の便所は和式しかなかったから、用を足すにはしゃがむしかなかった。要はしゃがまないと生活が成り立たない。体が低い姿勢をとることに慣れていたわけです。

ところが、今の暮らしでは体を沈める、下に向かう経験が圧倒的に少ない。椅子に座ることしかしていないから、その程度の高さまでしか体を沈めません。それならしゃがめない人がたくさん出てきて当たり前です。一照さんはアメリカで指導される機会も多いからわかると思いますが、アメリカでは特にこの現象は顕著ですよね？

**藤田**◉はい。しゃがもうとして腰を下げていくとバランスを保てなくて、後ろに転ぶ人も多いですし、そもそも立っているところから床に坐る姿勢をとるのに一苦労している人が結構います。すーっと滑らかにいかないで、どっこいしょという感じでいかにも大変そうにやる。どすんと坐る。日常の中で、めったにしゃがむということをしない、そういうことをしなくてすむように環境ができているわけですから、そうなるのも無理はないですね。使わないと機能が萎縮する廃用性萎縮《はいようせいいしゅく》というやつですね。

そもそもしゃがむのが難しい体を持った人が坐禅をしようとするわけですから、彼らに伝統的な坐禅の坐り方を教えるのは、一筋縄ではいかないんです。なんといっても、床に楽に坐ることができるような体ができていない。当然、心理的にも抵抗があるでしょう。

それにしても、しゃがむことができた体だから米俵を担げたということなんでしょうか。今時の考えで言うと、しゃがむことと米俵を担げることを関連づけるより、筋力トレーニングで太腿や腕の筋力を鍛え、六〇キロを軽く持てる体にすればいい。筋肉のパワーアップで解決しようとする。そう考えがちですよね。

でも、この写真の彼女たちは全然、筋肉モリモリには見えません。筋力トレーニングをするなんて発想もなかったでしょうし、そんな悠長なことを言ってられない生活だったでしょう。

**光岡**◎筋力トレーニングの発想では、「なぜ昔の人は五俵を担げたのか」の理解に届きません。そもそも彼女たちが生きていた時代は、筋肉という概念がありませんでした。

ここで注目すべきは、同時代の身体観において「筋肉を鍛えれば筋力が増す」といった発想がそもそも生じないということです。普通の生活をしていたら米俵を当然のように担げる体になったからです。要は足腰がかつてはちゃんとありました。

以前、ある番組でプロレスラーがアフリカの貧しい村でボランティアを行う企画を放送していました。彼は現地の子供が水を長距離に渡って運ぶのを手伝うつもりだったのです。ところがプロレスラーの方が先に疲れ果てて、女の子が途中から荷を代わりに持ってあげていました。かえって足手まといになっていたのです。環境が違ったことも大きいでしょうが、それだけではないはずです。プロレスラーなら普段から「筋力トレーニング」はしっかりやっているからです。でも、それは身体の基礎的な自力にはなり得ません。トレーニングは足腰ではなく、概念上の体を鍛えることにしかなっていないからです。

## なぜ正坐すると足は痺れるのか

**光岡**◎物事には基礎があって、それがないと応用には移れません。しゃがめないのに坐禅はできないわけです。それでいうと、現代人は体の基礎をすっかり失っていると思います。

とはいえ、そうなるのも背景があってのことです。

一照さんも私も学校に上がったとき畳や板の間で勉強してはいません。学校で勉強するスタイルは、椅子に坐って授業を受けるというものでした。体の基礎ができる子供の頃に、一日中椅子に坐り続ける経験をするのはけっこう問題です。

というのは、椅子に坐っていると感覚がお尻で止まってしまうからです。お尻から下はただぶらぶらしているだけのもので、足先までが自分だといった感覚がありません。

**藤田◉**なるほど、それはとても重要な指摘です。足腰の感覚を失う練習を仮に小学校から高校までしたとして、一二年間も毎日のように行っているわけです。それなら当然ながら、足腰のない人間になりますよね。足腰の存在が意識から疎遠になっている。だから、動きの上でも足腰をフルに使えていない。まさに、地に足がつかない状態です。

**光岡◎**そうです。皮肉にも長い年月をかけて足腰をなくすための練習を私たちは日常の中で徹底的にやってきたんです。**人は足腰が奪われたり、足腰の経験が消えてしまうと一瞬にして自信を失います。**自立できなくなります。そして足腰が消えて行くと肚《はら》も失います。肚の経験に目が届かなくなると自分の直観がわからなくなります。

現代人が客観性や他人の評価が気になって、本当に主体的な選択ができなくなっているのも、そのあたりのことと関係していると思います。

しかし、こうして足腰や肚の大切さを話そうと思っても、だんだん通じなくなっています。なぜなら「腰はどこにありますか。手を当ててみてください」というと、ウエストやローアーバック（背中の下の辺り）、ヒップに手を置く人が増えているからです。日本の伝統からすると、腰とは着物の帯を巻きつける腰周りの骨で、腰とは正確には髀《ひ》や仙骨《せんこつ》、鼠蹊部《そけいぶ》など骨の感覚経験だからです。腰とは解剖学的な存在ではありません。ところが洋服は肉の上に着るので、それがわからなくなります。

**藤田**◉腰というのは実体ではなく、感覚の上で経験されるものだと理解すべきなんですね。欧米化が進んだせいか、今どきの人はウエストを境に上下にわかれている身体感覚が当たり前になっているように思います。感覚としての腰が失われて有名無実化しているということですね。

**光岡**◎床で過ごす生活から離れ、椅子に慣れ、足腰が失われました。立っていても腰がどこにあるかわからない。膕《ひかがみ》も伸びてしまい、膝裏の感覚経験も消えています。足も腰も肚もないから体が感覚的には足のない幽霊みたいになっています。そうして足腰肚がなくなったことで、どういうことが起きているかというと、たとえば私の所へ習いに来ていた四〇代くらいの女性で三味線を弾かれる方がいます。彼女は正坐して長時間弾くと足が疲れて、稽古中に一度は崩さないといけない。

ところが二代前の九〇歳近い先生になると一日中、正坐していても一切痺れが切れない。すっと立ち上がることができる。**痺れが切れるというのは「私」が体を観ないようになり、身体から離れて、乖離した部分が別の世界へいってしまうから起きます。**

さらに興味深いのは、正坐と椅子の上で座って弾くのでは三味線の音が違うそうです。一昔前までは三味線の稽古は正坐が当たり前でした。今はそれでは稽古する人が集まらないため、椅子に座ってもいいことにしているそうです。けれども、それだと明らかに音が違う。正坐ができる人が椅子に座って弾くのと、最初から椅子にしか座れない人とでは格段に音が違う。足腰をきめて音を出すのが本来の三味線であるとすれば、現代人の身体観と生活環境に三味線を合わせた結果、昔の音と教えが失伝しかねない状況になっています。

**藤田**◉実は、そういうことがいろんな分野でじわじわと起きているんでしょうね。三味線の話で思い出したのは、アメリカの小学校や寄宿制の学校で坐禅の指導を頼まれて教えに行った時のことです。彼らは完全に椅子の暮らしですから床に坐ることができない人が多い。心理的にも抵抗があるようです。「え〜、床に坐るの〜、嫌だなあ〜」という顔をする子もいます。仕方なく椅子の上で坐禅してもらいましたが、それを果たして坐禅と呼べるかどうかというと、ちょっと難しいです。

でも、最近では僕の属している曹洞宗《そうとうしゅう》でも、『椅子坐禅の勧め』なんていうパンフを作って配っています。坐禅の本場のはずの日本でも、床に坐るのが難しければ、椅子の上でもいいということにしないと困る人が多いという状況になってきています。

**光岡**◎椅子の上に座って坐禅しても、それでは感覚経験はせいぜいお尻まででしょう。今の日本人もその「椅子に座っている感覚で正坐」しているから、お尻から下は消えてなくなっているんだと思います。足がどこかへ行ってしまって行方不明になっている。体の方もそんな風に腰より下の身体が無視されるとやっぱり気にかけて欲しいから、懸命に「ここも観て」「こっちまで気が向いてないよ」と訴えるわけです。その訴えのひとつが痺れです。

**藤田**◉現代人が無視しているせいで、見えなくなっている体がある。それはダイエットで維持したい体型だとか筋トレで作り上げた理想の体とは違う。いわば三人称的で客観的な肉の体とは違う、一人称的な、内側から生きられた感覚としての体があるんですね。僕はそういう体のことを「ボディ」と対照させて、「**ソーマ**」というギリシア語で呼んで、区別しています。「ソーマ」が見えなくなって体といえば「ボディ」しか意味しなくなっている。これは実は仏教の修行の世界でも重大な問題になっていると思います。修行は「ソーマ」で行われるべきものなのに、「ボディ」でやるから単なる「フィジカルなエクササイズ」になってしまうということです。

## 僧の坐禅嫌いが増えている

**藤田**◉そのようなことを背景にして、禅宗のお坊さんの坐禅嫌いが生じています。曹洞宗の大本山である永平寺《えいへいじ》でも、それが問題になっているんです。永平寺で修行する雲水《うんすい》さんたちの大半は、大学を卒業したばかりの若者です。修行と言っても、彼らの多くは僧侶としての資格をとるために必要な年限しか道場にとどまりません。とにかく一年くらい我慢すれば娑婆《しゃば》に帰れるので、それを夢見て日々を送っています。道場にいる間は仕方ないから坐禅するけれども、娑婆に出たらもうやらなくていい。だから、自分のお寺に帰って坐禅をする人があまりいません。

**光岡**◎それは大変ですね。禅の総本山がその状況ですか。ドキュメンタリー番組で見たことがありますが、作務《さむ》に勤行《ごんぎょう》と永平寺の修行は体育会系といいますか、なかなか厳しいようですね。エネルギーのある若い頃にはそのような指導の仕方もあってもいいと思います。そこから坐禅で微動たりとも動かない修行に段階的に導いていけたらおもしろいでしょう。

**藤田**◉残念ながら、修行道場でもそういう坐禅のおもしろさを味わえるところまでいくのはなかなか難しいようです。永平寺の指導的な地位におられる方から「二か月に一度くらいでいいから坐禅の指導に来て欲しい」と言われて、これまでに何度か行ってきました。僧堂での雲水教育を刷新しない限り、永平寺での修行を終えて出るときには、多くの者が坐禅嫌いになってしまうという問題意識を持たれている方なんです。これは由々しき問題だから、修行僧たちが坐禅に興味を持って取り組めるような話をしてくれないかという依頼をその方からいただきました。僕としては、坐禅への恩返しのつもりでできることをさせていただこうとは思っています。

**光岡**◎一照さんは永平寺に依頼された助っ人ですか（笑）。曹洞宗禅の本山である永平寺がそういう状況とは知りませんでした。時代を象徴している話ではありながら、本当に深刻な問題ですね。

**藤田**◉昔なら「とにかく我慢して坐れ」という指導法でもよかったんでしょうけれど、いまはそうはいかない。坐禅嫌いになって永平寺を出た後は、当然ながら自分のお寺で坐禅する人は少ないようです。僕は海外で、永平寺のような本格的な坐禅道場で伝統的な修行をしたいと夢見ている人たちをたくさん知っていますので、もったいない限りです。

近年は、若い人たちのあいだでは坐禅に興味を持つ人も増えてきていて、地元のお寺に「ここでは参禅できないのですか？」と訪ねていく人が多くなったようです。でも、住職自身は自発的な興味を持って坐禅に取り組んだわけではないから、何も教えられない。それどころか本人には自発的な動機がないから、坐禅会を開くつもりもない。坐禅のない禅宗というような皮肉なことが起きています。

そういえば、以前アメリカの仏教学者が Zazenless Zen というような題の論文を書いていました。「坐禅のない禅」という皮肉を込めた意味です。

坐禅というのは、ちゃんと継続的にやれば生きていくことの支えというか軸になるすごく大事な営みです。人を成熟させる触媒みたいなものだと実感としてわかれば、そういうことにはならないはずなんです。それだけに残念です。

**坐禅は本来は「おもしろい」もの**なんです。道元さんは、坐禅は「**安楽《あんらく》の法門《ほうもん》**」なのだから、「普《あまね》く勧めなさい」と言っているんですけど。

**光岡**◎そういう現象は武術の世界でも同じく起きています。要はいまの教育制度がはらんでいる問題です。物事の基礎・基本となるところは本当はすごくおもしろい。なぜなら基礎は種子にあたるのでいろんな芽生え方ができるからです。だから楽しいはずだけれども、地味なのでなかなかそのおもしろさを伝えられない。そこで指導者の工夫と伝える力が必要となります。多くの場合、指導者の方も基礎や基本にあまりおもしろさを感じていないので、習う方にも「おもしろくない感じ」が伝わってしまうのでしょう。

いまの社会形態では教える方も教わる方も「おもしろくない基礎・基本は無理してやる

こと」と捉えている風潮が強く、華やかな応用や変則技や多様性に目がいってしまいがちです。それは武術をめぐる状況も同じです。ただし、どれだけ選択肢が多くとも、選択する力や眼力、感性は基礎や基本から養われて行きます。そういう意味では昔より選ぶこと自体が難しくなっているのは間違いありません。

**藤田**◉痛くて退屈な坐禅を嫌でも無理矢理にやらないといけないとなると、自分を閉じて時間が過ぎるのを我慢し、ひたすら耐えるだけになってしまいます。

先ほどの米俵の話でも触れられていましたが、僕たちの体との付き合い方が一〇〇年前と違っているわけです。その話がとても腑《ふ》に落ちたのはアメリカで坐禅を指導していると、「痛い」ということが問題になる人がすごく多いからです。これは最近の日本人にも当てはまると思います。坐禅をどうやったら痛くなくできるか、ということがしょっちゅう話題になるのです。

ところが、経典には「坐禅とは痛みを我慢するものだ」というようなことはどこにも書かれていない。坐禅と痛みなんて問題はどこにも触れられていません。むしろ道元さんは先述したように「坐禅は安楽の法門なり」とはっきり書いています。

**光岡**◎きっとそうなんだと思います。人力ですべての仕事を行っていた時代なら地べたに坐ることだけでもホッとした一息になったと思います。

**藤田**◉「安楽の法門」というのは英語のテキストだと the dharma gate of peace and joy と訳されています。その訳語を使って「道元さんの教えによれば、坐禅は安らかで楽な世界に入る門なんですよ」と言うとアメリカ人はおもしろい冗談だと思って笑うんです。「いや、冗談ではなく、本当にそう書いてあるんだ」と重ねて説明すると、「われわれの坐禅がそうなるまでには、いったい何年かかるんだろうか」と途方に暮れた顔になります。ストレッチを一生懸命にやり、断食で体重を減らして関節を柔らかくしたりすれば、少しは痛くなくなる人もいることはいます。それが安楽の法門に近づくことだと思っている。でも、本当はそういう問題ではないですよね。

僕には「坐禅はそもそも安らかで楽なことですよ」と書いてあるとしか読めない。「坐禅が安らかで楽にできるようになるには、相当な時間がかかる」ということではない。どの文献を読んでも「坐禅に慣れるまでには、痛みや困難に耐えなくちゃならない」とは書いていないからです。昔はそういうことは問題にすらなっていなかったんじゃないでしょうか。

とはいえ、一応は脚の組み方や手の形はこうしなさいといった坐り方のマニュアルのようなものはあります。それを読んで書いてある通りにやっているつもりなのに、ちっとも安楽にはならない。がんばって指示通りにやろうと努力すればするほど、ますます大変になって苦痛が増します。テキストで言われていることと実際の体感の違いが、いったいどこから来るのかわからない。そういうことを疑問に感じ、師匠や先輩に訴えても、「お前がちゃんとやっていないからだ」「熱心さが足りないからだ」と叱責されるし、「最初はだれでもそうなんだ。慣れるまで、もっとがんばれ」と言われてしまう。

でも、今まで通りのやり方でただがんばってやっている限りは、安楽とは違う方向にしか行き着かないのではないかと思います。安楽の状態を目指すはずの道が、苦痛と困難で敷き詰められているとしたら、根本的に何かが違うのではないでしょうか。「安楽への道はない。安楽が道である」というような道はないのか。

ブッダが樹の下で坐っているのを周りの人が見て、「なるほど、坐禅はああやってするのか」と思ったのが坐禅の発端でしょう。いまなら写真やビデオに残せるけれど、昔は口伝で伝わっていきました。「脚はこういう風に組む、目はこんな感じ。息はこうやる。心は息に寄り添わせて……」「それをやったらこういう結果になる」といったことが、今に至るまで連綿と伝わってきている。そういうことになっているんだと思います。

**光岡**◎型や式は多少は変わる所もありますが「変わらず伝わってきている」と一応定義するわけです。そうなると問題が起きるとしたら取り組む側にしかなく、個々の探究心と研究したい気持ちが足りないからだと考える人もいるでしょう。私自身も古人の遺してくれたことへの研究と探究の甘さから見落としていたことがいまだに多々あります。

**藤田**◉まさにそういうことを考えていた時でしたから、韓氏意拳《かんしいけん》の「形同実異《けいどうじつい》」の考えが腑に落ちたのです。「形は同じだけど中身が異なる」。まさにそれが坐禅には起きているのではないか。ヨーガにしても同じような問題があると思います。さまざまなヨーガのポーズはもともと出来合いの形としてあったものではなく、誰かが全身であくびするみたいな感じで、内側からの催《もよお》しで自然にそうなった。けれども、それが出てくる元のところではなく、いつしか先生が教える形を真似るのがヨーガになってしまった。「先生はこういう形をやっていたから健康で長生きしたんだ」といったように、その形を生み出すもの、あるいは力ではなく、生み出された形の方に目が行ってしまった。

うちの宗門でも「坐禅がきついのは関節が固いからだ」と考えて、ストレッチやヨーガを取り入れる流れが出てきています。そのことによって坐禅を普及しようとしているのでしょう。決して悪いことではないけれど、そういうアプローチは根本を取り違えているとしか思えないのです。これについてどう思われますか。

**光岡**◎それではせいぜいがんばっても現代人が「昔はこうだったらしい」と想像するだけにとどまり、本質的な理解には至れないでしょう。

江戸時代中期の剣術家、柳生連也斎《やぎゅうれんやさい》は戦国期を生きた曽祖父の柳生石舟斎《やぎゅうせきしゅうさい》についてこのように記していています。「到底、曽祖父には及ばない。現代の武術はダメだ」。傑出した才の持ち主と言われた連也斎にしてそういうのです。石舟斎の時代の体は想像もつきません。

今や連也斎と石舟斎の体の開きどころではありません。米俵二俵を数時間担いだ話が神秘的な話にさえ聞こえるくらいです。けれども武術にしても坐禅、ヨーガにしても昔から伝わってきているものです。その本質を学ぼうとするならば、それらができた頃の体を取り戻す試みをしないことには始まらない。

**藤田**◉たしかにそうです。現代人の身体観を改めることなく、現代人ができる範囲でやっていては、それでは武術も坐禅もヨーガも本来のポイントを逸するでしょうね。似て非なる物をやっていることになります。

**光岡**◎話のついでにヨーガについて言えば、アイアンガーが世界にヨーガを広めたのは知られています。アイアンガーの師匠はクリシュナマチャリアです。アイアンガーの紹介したポーズは、マチャリアにより教えられたものです。マチャリアの本来の教え方は、おそらくヨガ本来の教え方に近く一人一人を見て、「あなたは今日はこのポーズをしなさい」でした。ようは「今日のあんたはこれをしたほうがいいよ」とそのときどきでそれぞれの人に指導していたのです。アイアンガー派はそれを全部まとめたらヨーガが体系化されると考え、書籍にして欧米に紹介した。そうしたらすごく受けたわけです。

最初に教える側は一人一人に合わせて即興でやっていた。どこに効果があったかといえば、その即興性にあったわけです。まとめたことで一番大事なところが抜けた。

だからほとんどのヨーガはストレッチになっています。坐禅にヨーガを取り入れても、最終的には坐禅をどうしていいかわからなくなると思います。

というのは、原点には「坐禅ができる体」がまずあったはずだからです。そこにアプローチしない限り、何を目指しているのかわからなくなって混乱するでしょう。

**藤田**◉ほんとうにそうですね。道元さんが生きていた時代には、わざわざストレッチなんかを教わらなくても、普通に坐禅できる体の基礎があったのだと思います。厳密には教えと違ったとしても、同時代を生きる人たちの内側には、ああいう形にならざるをえない必然性をもった体があった。それが坐禅を発生させたんだと思います。

だから現代人の身体観のままでやってしまうと、たとえ股関節はヨーガやストレッチで柔らかくなっても、坐っている形そのものがどうにも硬いとか、芯がなかったりするわけです。坐禅と似ているけれど違うものになってしまっている。まさに「形同実異」そのものです。

**光岡**◎ブッダやダルマのやっていたことが坐禅の「型」「形」になると思います。ブッダやダルマがどういう身体観をもっていたかを理解しないと流祖のしていたことはなかなかわからない。少なくとも現代人である私たちの注目は現在ではなく、流祖や先人の身体観や感性に向かないといけないでしょう。

私が学んでいる意拳の場合ですと、幸いにして始祖の王薌齋《おうこうさい》が亡くなったのは五〇年ほど前ですから、ブッダに比べるとごく最近です。また王薌齋の高弟であった韓星橋《かんせいきょう》師、そして子息の競辰《きょうしん》師という良き師に恵まれたおかげで、形骸化を免れた教えが伝わっています。

とはいえ、さらに意拳を深く学ぶには、王薌齋の体験を研究する必要があります。それには源流の形意拳《けいいけん》や心意拳《しんいけん》の研究も進めないといけない。本人がどういう経過でその境地にたどり着いたかわからないことには、王薌齋という傑出した遣い手の結果だけに注目してしまいます。そうなると、どこに目を向けていいかわからなくなります。

**藤田**◉なるほど。しかし、ブッダが生きていた二五〇〇年前の身体性というのは想像もつきません。どうしたらいいんでしょうね。

**光岡**◎ブッダやダルマは「どこを観ていたのか」が問題ですね。仏教では、空や無が重視されています。あれはおそらく観念や概念ではなく、実際の感覚経験だと思います。余談ですが、ダルマはインド人ですよね？

**藤田**◉そうです。南インドから中国に来た人ということになっています。

**光岡**◎ダルマを描いた絵は、けっこう目の下にクマがあって表情も暗いですよね。おそらくダルマは鬱《うつ》だったと思うんですよ。というのは、明治初期、夏目漱石のように日本からヨーロッパへ渡った知識人の少なからずは、移動自体が大変な上に異文化の風習の違いについて行けず鬱になっています。それが一五〇〇年前となるとなおさらです。南インドで第三王子の地位にいた人が現在の河南省にある洛陽《らくよう》辺りまで行くなんて、相当なことがダルマの身にあったと思うんです。その上、北上すればするほど周りを見渡しても言葉の通じない人が増えていく。食べ物も違うし、帰りたいけど訳ありで帰れない。疲れ果てて鬱になってしまい、洞窟に入って人を遠ざけたのではないでしょうか。

**藤田**◉ダルマが鬱だったとは、すごい想像力ですね。だから、ダルマは壁を向いて坐ったわけですか（笑）。世間に背を向けて。「面壁《めんぺき》九年」とは、実は鬱状態でそれがダルマの感覚的な経験だというわけですね。

**光岡**◎そうです。洛陽で当時のインド語やサンスクリットを話せる人はほとんどいなかったかと思います。せいぜい商人か僧侶ぐらい。ダルマがやって来た地元の村では「あそこに妙な外国人が来て、穴蔵に住んでいる」と噂になり、村人がインド語が少しわかりそうな僧侶・慧可《えか》に相談した。

彼は仏教を学んでいたから恐らくサンスクリットも読め、少しだけなら言葉も理解できた。村人の依頼を受けてインドから来た見知らぬ外国人を訪ねたところ、ダルマとしては母国語が少しでもわかる人に会えただけで嬉しかったし、何より誰かとコミュニケーションできたことにとても喜んだ。

慧可はそれ以降、ダルマに食べ物を差し入れたりと世話をするようになり、次第に打ち解けて来て、ダルマが色々とインドを去らないといけなかった理由やインドで人気絶頂の仏教について聞くことができた。

**藤田**◉そういうことを裏付ける文献的な証拠の有無はともかくとして、話としてはすごくおもしろいです。

**光岡**◎鬱で引きこもりならば、洞窟に九年いた意味がわかります。私の考えでは、慧可断《えかだん》臂《ぴ》とは、慧可が寺の作務をしていたところ、臂の辺りを刃物で切って腕を怪我してしまった。そのためしばらく洞窟を訪ねることができなくなった。急に会いに来てくれない慧可を気にし、初めて洞窟から勇気を持ってダルマが出て来た。それがダルマが鬱と引きこもりから解放される瞬間であり、次に住む場所として少林寺を建立することにも繋がったのです。ですから、今に伝わる慧可断臂の話は格好良く語り継がれたというわけです。

禅をすると野狐禅《やこぜん》になる人が出てきたり、社会から逃げたい人が禅に寄って来るのは、鬱で引きこもり、かつ訳ありのダルマという始祖の身体観や感性の影響を受けたからだと思いますよ。

**藤田**◉お伺いしていると、まるで見てきたような自信満々の説明ですね（笑）。初めて聞く、実に斬新な説ですよ。

**光岡**◎まあ一照さんならこんな話も聞いてくれるかなと思いまして。

## 身体観には歴史がある

**光岡**◎話を戻しますと、ブッダやダルマの生きた時代ごとに身体観は違います。つまり**身体観には歴史がある**ということなのです。これについてもう少し例をあげて説明します。

江戸時代に佐渡で暮らしていた人が「江戸まで二日かかる」と記しています。手漕ぎの船に乗って海を渡っての行程です。おそらく現代人は同じことはできないでしょう。

江戸まで遡らなくても一九〇〇年代初頭の話をすれば、意拳の創始者である王薌齋は若いころ軍の炊事班に属していました。ある日、北京から南下する出動命令が出て、三日かけて南方まで下ったそうです。将軍など上層部は馬に乗りますが、それ以外の下っ端は走らないといけない。三日三晩走り続けたそうです。これらの話を普通に感じるでしょうか。

**藤田**◉いや、どちらにも共感できないですね。手漕ぎにしても、三日三晩走るにしても、そのための特別なトレーニングをしていたわけではなく、日常の中で自然に鍛えられていた体がすでにそこにあったわけですよね。ごく普通にそういうことができた。入念に準備してからやるといったような悠長なことではなく、必要になったから「じゃあ」という感じで、当たり前にやっている。そこがすごいです。

**光岡**◎先ほどの「わざわざ教わらなくても、坐禅できる体があった」と同様です。日常の中だからこそ、まさに風習や風土がもたらす習慣によって「手漕ぎで海を渡るのが当然」「三日くらい走り詰めるのが当たり前」の体が発生するのだと思います。その時代のその村落に住む者であれば、「漕いで渡る」を普通だと感じるわけです。なぜなら誰もがそれをやるわけですからね。

世界観と身体観が現代とは違うのです。つまり**身体のジェネレーションギャップ**があるわけです。だから現代人の私たちが佐渡から船を漕いで海を渡り、二日で東京へ行くのは無理です。北京から南京まで三日三晩かけて走るのも無理です。やろうとしても体が追いついていないから苦痛としか感じない。実現しようとしてもどうしたらいいかわからない。昔の人が書いてあることをやろうとすると、それをやるための体がないから当然できないわけです。当時の生活様式で漕いだり走ったりを可能にする体に伴う感覚は、絶対発生しません。つまり、身体観を見つけないと、その時代の感性や感覚はわかりません。禅や武術に限らず工芸や芸能もそうです。

**藤田**◉そうですね。だから、われわれがいつもの身と心で坐禅をやると、安楽どころか苦痛と退屈と眠気しか感じない。当然と言えば当然のリアクションなんですね。

**光岡**◎たしかに近代的に脚色されてない古典に関わると眠気を感じます。佐渡で薪能を見たことがあります。佐渡は世阿弥が流されていたので薪《たきぎ》能《のう》が民間に普及しています。地元の人がやっているのを観たのですが、眠たくて眠たくて仕方ありませんでした。そこでどういうふうに観たかというと、目を瞑って能を観ました。そういう見方しかできなかったのです。私も現代人だなと思いました。

古典の落語もそうですが、いまの人が聞くと古ければ古いほどほとんどの人が寝てしまうでしょう。近代的で刺激の多い環境に慣れている身体の感性がついていけないんです。

**藤田**◉その通りです。外界からの過剰な刺激で何とか覚醒水準を保っているわれわれは、坐禅のような刺激の少ない状態になるとたんに眠くなってしまう。あるいは、それに不安を覚えて妄想に耽ったりする。内的な生命力で静かに目覚めているということがわからなくなっているんでしょう。昔のペースは、今のわれわれにはゆっくり過ぎて、ついていけないんでしょうか？

**光岡**◎身体観、つまり体の捉え方がついてこないんだと思います。数年前に「いまを生きる人の集い」というイベントを行いました。火熾《おこ》しだとか養蜂だとか、なるべく現代社会から離れた内容で、とにかく生きることに関わるすべてのことをやろうという趣旨の催しでした。

参加者のほとんどが「翌日は仕事行くのがつらい」と漏らしてました。特に子供が翌日からの社会復帰に一苦労したみたいです。昔のように体を使うだけの日々から現代生活に戻ると、今までは普通に感じていた暮らしが実は情報過多だし、時間に拘束されていることがわかってしまった。そのギャップにとにかくしんどくなるわけです。

**藤田**◉僕が修行していた禅道場は、自給自足を目指していましたから、田畑や山で結構きつい肉体労働の日々を過ごしました。休日でたまに町に降りて行くと、たいしたことをしていないのにいるだけで妙に疲れるという変なことが起こりました。日常は仕事、仕事でストレスだらけで緊張状態にあるとしても、休暇でリラックスすればいい。こういう発想が今では普通です。そういう現代の価値観の影響なのでしょうか、ボディワークをはじめスポーツでも緊張とリラックスが大事だと言われます。そういう対概念でものを考えています。

**光岡**◎それこそが近代以降の考えです。**「坐禅できる体」には緊張もリラックスもない**はずです。モノとして体を扱うと緊張させたり緩めるようになります。体に何かをさせようとするのは、モノだからできることです。

緊張とリラックス以外の発想の落とし穴と言えば「自然に動かす」という表現もそうです。**「自然に動く」**はあっても、「動かす」が自然であることは絶対にありません。動かしているうちは意識してやっている。つまり不自然な感じが伴うわけです。

**藤田◉**坐禅も普通は、意識して手足を動かして、ある特定の形にもっていこうとします。多くの場合、居心地の悪さが生じます。けれども、そこを我慢してじっとしているのが坐禅であり修行なんだという暗黙の前提ができあがっています。

**光岡◎**それも近代以降の話だと思います。がんばればなんとかなるという発想は、体をなくす、見失う方向にしか行きません。

## 低所恐怖症の現代日本人

**光岡◎**「がんばればなんとかなる」と鼓舞して坐禅や武術に向かっても、なんともなりはしないのは、現代の価値観で現代人的な体や感性に働きかけているからです。

たとえば、いまどきの人は立った時に膝がまっすぐに伸びますよね。こういう姿勢は明治以前ではありえなかった。「気をつけ」の姿勢が昔はとれなかったからです。

そう言われても、「本当かな」と共感を示せない人が大半でしょう。膝を曲げて歩くという所作の必然性は、機械を使わず田畑で野良仕事をすればすぐにわかりますし、あるいは着物を着ればわかります。洋服を着るようになって、それまでの身体観が失われたのは大きいです。

**藤田**◉僕は細めのズボンを履くとちょっと膝が曲がっているようになるものだからかっこ悪いとよく妻に言われるんです。

**光岡**◎でも、それは明治以前ならばかっこいいんですよ。膝の曲がりは武術にも関係あります。今は気をつけのように膝を伸ばして胸を張ることがいい姿勢とされています。試しに、そういう姿勢をしてもらえますか。

**藤田**◉（肩口を軽く押されよろめく）これは、すぐに崩れますね。

**光岡**◎今度は少し膝を曲げてみてください。さっきと同じ要領で押します。

**藤田**◉なるほど。こっちの方がはるかに安定しますね。うまく持ちこたえられます。

膝を曲げると安定する

**光岡**◎現代人は膝を伸ばして突っ立っているから足下まで感覚が届いていません。おまけに頭脳優位だから気持ちや気が上がってしまって、首から下がすっからかんなので肉の質感で空虚さを埋めようとする訳です。その気が上がった状態が普通になっています。するとどうなるかというと、バーチャルな身体観を構築します。

そこで「体を動かす」とか「身体操作」という表現が出てくるのです。こうした言い方が物語っているのは、想像している体と実際の体が分かれていることです。想像している体のほうを自分はうまくコントロールすればいいし、それができると思っている。だから体を動かそうとするのです。

ところが、うまくいくのはあくまで想念の体なので、実際はうまく動かない。そのため想念と実際を埋めようとトレーニングをする。こうした考え方で私たちは自身の体を捉えています。それが私たちの普通の生活になっています。

**藤田**◉今の主流の価値観は頭脳偏重《ずのうへんちょう》だし、何をするにもボタンを押すとかスマホをいじるとか指一本をちょっと動かせば済むようなことになっています。近代以前ならば何をするにも体全部を使わないと到底生活を送れませんでした。その違いはすごく大きいと思います。

**光岡**◎そういう暮らし方であれば、自然と気持ちが足下まで届きます。それと比べて現代人の私たちは、いわば低所恐怖症で気持ちを体のほうに下げるのを嫌います。頭だけで済ませたい。自動車も自動運転に任せたいし、体を動かさずに済むならそれに越したことはないと思っています。これが産業革命以降の人間の身体観の特徴です。

ちょっとここで一昔前の身体観を捉えるべくタイムスリップをしてみましょう。意拳では站椿《たんとう》という稽古があります。站椿とは「杭のように立つ」という意味です。これは「動いてしまわずに、待てる自分を観つける」稽古だと思います。そう言われても、現代人は動かないことが稽古になるという意味がわからないでしょう。

**藤田**◉そうでしょうね。トレーニングというのはとにかく動いて汗をかくことだ、ぐらいに思っていますから。坐ってじっと動かないように見える坐禅や瞑想ならまだしも、腰を下げてじっと立つことがどうして武術につながるのかわからないと思います。太腿部の鍛練かなぐらいには思えるとしても。

**光岡**◎王薌齋が站椿をつくったのにも理由があります。もともと王は形意拳という武術を学んでいました。形意拳には動く形式と練習方法が多く、ずっと動く中で感覚を摑んでいきます。ところが、だんだんと動的な形式に注目が向きはしても、その内容が把握できない人が増えてきた。形意拳を学ぶ上で必要な身体観が近代化の始まりを迎えた中国でもわからなくなってきたのです。

だから王は動かない站椿で身体観を養おうとした。動いて気持ちが散ってしまうのではなく、待つことで前の時代の体を発見しようとしたわけです。

站椿ができた頃からさらに一〇〇年近く経って、現代人は站椿で要求される程度の、少し腰を下げた姿勢でもきつく感じます。昔は田植え仕事では一日中、腰を屈めた姿勢をとり続けました。それを普通に感じられる人にとっては站椿は楽でしょう。この站椿からさらに時代を遡ったところの練習方法が馬歩《まほ》（マーブー）や騎馬歩《きばほ》（チーマーブー）です。これを集注観《しゅうちゅうかん》を導いて行うと站椿に必要な足腰が発生します。

**藤田**◉「集中」ではなく、あまり使われない「集注」という語を用いて区別しているのですね。その集注観というのは、どういうふうにやるんですか？

**光岡**◎巷でよく聞く「集中しろ」というのは、一点に向けた意識的な行為です。集注はそうではなく、どちらかというと気持ちを向けるという感じです。

ではタイムスリップをすべく、馬歩をやってみましょう。これは名前の通り、馬にまたがった格好ですから足は肩幅より広めです。目をつぶり、腰を下ろして行きます。集注観を肘から腰、仙骨さらに丹田の下腹部まで向けていきます。

そうするに従って足が生えてくる感覚が生じます。力で形を固めず緩めずにしておいて、気持ちを膝までもっていきます。膝裏の膕《ひかがみ》のところとお尻のところの間に目を向けると輪郭が観えてきます。

観ていくときに注意して欲しいのは、これはそっと静かにする観察であって、「いまこうなっている」と行為の実況中継をするのではないということです。行為は観ていません。体を観ています。行為や行動を観ると意識が外に引っ張られ、体から目が逸れます。

次はアキレス腱と脹脛《ふくらはぎ》の分かれめから、踵まで目を向けて、そこにたどり着いたら力を抜きます。

**藤田**◉言われる通りに内観していくと、踵がすごくしっかりしました。いや、それにしてもきついですね。これは。

**光岡**◎踵の力をどこまで抜けるか。そうすると自然と集注が下へとくだり爪先に行きます。直接、爪先を意識して動かそうと働きかける

馬歩（タントウの姿勢）

馬歩（馬上の姿勢）

とうまくいきません。「**何かすることで、何かが自然と起こる**」ので、意識して何かをコントロールしようとすると必ず失敗します。

**藤田**◉それはすごく大事な指摘です。意識というのは絶えず対象に向かう必要があるので、意識的な行為は具体的にならざるを得ません。**輪郭が観えてくる**というのは、意識的に何か見るのではないということですね。観えてくるのであって、見るのではない。そういう違いが大事になってくる。

**光岡**◎はい。集注は上より下、前より後ろに向けることで体の輪郭が観えてきます。

**藤田**◉今の話で思ったのですが、坐禅の文献では「背中をまっすぐに」と書かれています。それを読んで、たいていの人は背中に意識を向けて、そこを自分の力でまっすぐにしようとするのです。それだと、背中の輪郭を捉えることにならず、意識で背中をまっすぐにしているだけになりますね。だからやり過ぎか、やらなさ過ぎかのどちらかになってしまうのです。意識でやるとたいていそうなります。

**光岡**◎元は漢文ですよね？「まっすぐにしろ」なのか「まっすぐになっている」か。文脈抜きに文字だけではわからないはずです。

**藤田**◉たとえばある文献には「脊梁骨《せきりょうこつ》豎起《じゅき》」と書いてあります。

**光岡**◎現代人は意識が強いから、「まっすぐにする」と読んでしまいますね。

**藤田**◉そうです。自分が意識的にやるべき指示として読んでしまう。そうではなく「脊梁骨が豎起している」という記述として読めば、「結果としてまっすぐになっている」と理解できます。読み取りの可能性が広がると、「自分ががんばってまっすぐに立てる」のか「**結果的にまっすぐに立っている**」のかの違いということが問題になってきます。この違いすら意識にのぼっていないのが現状かもしれません。ちなみに「豎起」は「木のように立つ」という意味です。

**光岡**◎また、現代人の私たちにありがちなのが、「まっすぐ」を直線だと勘違いしてしまうことです。しかし、自然界にそういう計ったように真っ直ぐな木はありません。もしかしたら私たちの思っている「まっすぐ」と、そこに書いてある「まっすぐ」とではだいぶ差があるのかもしれません。

禅が盛んになったのは河南省で、ここで樹木を見て真っ直ぐを感じた経験と、仏教が伝わってきた源のインドの菩提樹のような木を見た時に感じた「まっすぐ」とでは垂直観が異なります。さらには材木や電柱など加工した木ばかりを見てきた人たちの垂直観や、何かを「まっすぐ」と感じる感性も違ってきます。きっと禅には河南省の地域性が相当影響しているはずです。そうなると「脊梁骨豎起」つまり「脊梁の骨が豎《たて》に起き」の豎に起きる垂直観は、私たちの「まっすぐ」とはだいぶ異なってきます。

**藤田**◉地域性で言うと、北方の北宗禅は優等生っぽいと言われます。比べて南宗禅は豪快。慧能《えのう》は修行時代、南から来たということで無知蒙昧《むちもうまい》の野蛮人扱いされ、入山を許された直後は「台所で米でも撞《つ》いておけ」と言われたそうです。

**光岡**◎南北の生活様式の違いから武術でも相当違いがあります。ただし、禅と逆で北の武術家は「南の拳法は手技が多く、手を細かく小さく使い、あれは豪快さに欠ける」と言い、南方は北を「北の拳法は動きが大きく大雑把すぎる、繊細さが足りない」と言います。環境、地域差により養われた身体観の違いは大きいです。

**藤田**◉そういえば漢方のあり方も北と南ではだいぶ違いますよね。

**光岡**◎華中が按摩《あんま》で華北が灸《きゅう》、華南が鍼《はり》、西域が薬草、東方が砭石《べんせき》。だから「鍼灸」という表現は本来なら成り立ちません。ハワイとシベリアでの治療方法が同じと言っていることになりますから。

**藤田**◉寒暖や乾湿といった気候条件によって当然、病気の原因は違いますからね。そこに住んでいる人の生理も異なっているから、それに根差した治療法も、もちろん違ってきて当たり前です。

**光岡**◎ですから、医術も拳法も表現は地域性に依っているもので、そこを踏まえないと文書に残っていたとしても、それがいったい何を意図しているのか理解できないはずです。

加えて漢字を輸入した段階で翻訳ミスは相当あります。

**藤田**◉われわれは中国語を漢文として読みくだした日本語として理解するから、厳密に言えば中国語としては読めていないということになります。京大で中国古典文学を研究されていた入矢義高さんは「それが書かれた頃の中国語、特に俗語がわかっていないと、当時の禅の語録は理解できない」と言われ、その観点から禅の語録の読み直しという作業をされました。その成果のおかげで、禅のイメージがだいぶ変わってきました。

**光岡**◎まったく同感です。古典の中国語の意味が理解できないと、禅ができた当初の体系や教えはわかりません。現代中国語で読むと、また意味がまったく違ってきます。

**藤田**◉禅の語録は当時の口語が使われているから、それを知らないとニュアンスがわからない。それを知らないままで、いくら厳密に漢文読みくだしで読んでも、変な理解をしてしまう場合が出てきます。

それにしても、馬に日常的に乗っていた時代の人なら馬歩の姿勢は楽だったはずです。それが今のわれわれにはとてもきついことからもわかるのは、地域性と時代の違いから来る身体観のギャップを考えなければ、古伝の教えを容易に間違えてしまうということです。僕らには単なる我慢や筋トレにしか感じられません。だからやたら筋肉に頼ってその形を保とうとします。それだと馬歩のもともとの趣旨とは質的に違ってしまう。ここでも「形同実異」が起きていますか？

**光岡**◎馬歩くらいまで低い姿勢をとると、一気に立ち上がりたい衝動に駆られませんか？

**藤田**◉はい。脚がきついのもありますけれど、どうにも耐えられない気持ちになります。

**光岡**◎それは現代人の体に戻りたいからです。今の環境に慣れ親しんだ身体に戻りたくなります。しかし、ここが勝負どころです。「昔の人たちの集注観で低い格好を取っている自分」と「昔の人たちの身体観に合わせている気持ちの自分」がいて、その「気持ちの自分」が早々に立ち上がろうとしてしまう。そこを堪えて気持ちが体に静まり戻るようしていく。

と言っても、いわゆる空気椅子を我慢して堪えることとは違います。集注観がまるで異なるからです。たとえば空気椅子なら、自分の体を観ないようにして晩ご飯のことでも考えながらだと二〇分くらいできます。そうすると自分の体の現状と向き合わなくていい。**体観、つまり体を観て行くこととは窮屈かもしれない自分の身体の現状と向き合い、見失なった身体の発生を経験しながら新たな体を発見し、見守って行くこと**です。

先ほど一照さんが体験されたのは、古い体の発生です。要は馬に乗れることを普通とする体です。人間の体は集注の仕方を変えると変わります。

**藤田**◉馬歩は形意拳の身体観に、站樁は意拳の時代の身体観に近づいていける道だということですね。坐禅の身体観に近づいていける道を見つけたいというのが僕の願いなんですが、今の話はすごく参考になるというか、励ましになりました。

**光岡**◎何かを習い昔の体に戻るには、別に形意拳や意拳でなくてもいいのです。ある時代まで遡り、その地域の文化背景に触れて行きながら身体を獲得して行きます。ただし古から伝わる型が必要になります。古の時代にできたものからしか古の身体は学びとれません。

**藤田**◉その点で、たとえば気功や太極拳はどうですか？

**光岡**◎気功ができたのは一九五〇年代後半です。導《どう》引《いん》術《じゅつ》や易《えっ》筋《きん》経《きょう》、五《ご》禽《きん》戯《ぎ》といった古典的な文献を研究したということで伝統として宣伝されていますが、気功は近代にできました。太極拳も歴史は実は浅い。中国の内《ない》家《か》武《ぶ》術《じゅつ》と呼ばれるものの中でルーツがはっきりしているのは形意拳だけではないかと思います。

## とりあえずしゃがむ姿勢から始める

**光岡**◎昔から伝わる型を通じ、その時代の体を体験するわけです。現代人にとっては馬歩ひとつとっても、ものの五分も耐えられませんから、今は第一段階として体の「沈み」を経験してもらうためにしゃがむ稽古をしています。

①肩幅に脚を開く

②膝を曲げて腰をおろす

③しゃがみこんで目を瞑り、肘を膝の内側に付け身体の力を抜いていく。手を含ませ合掌する（含み合掌）

④ 手の形

⑤「観えないところ」「空いているところ」に気を向けて、次第に静まりを観て経験していく

⑥肘を膝の内側に付けたまま、合掌した手の人差し指を髪の毛の生え際に付けていく

とりあえず沈まないことには、体に集注が向かないのです。どうして昔はしゃがむ稽古がなかったかというと、先ほども言ったように生活の中で沈みがあったからです。だから立つことも私たちのような棒立ちではなくて、しゃがんだ姿勢が高くなる感覚に近かったでしょう。本来なら「沈み」と「立つこと」は生活の中で分離していません。

ここで気をつけなくてはいけないのは、イメージで沈もうとすると気持ちが上にあがってしまうことです。イメージは脳裏に浮かぶ身体をベースにしているので、イメージを描くと気持ちが上にあがります。実際に体が沈むことが必要です。

**藤田**◉しゃがむ延長で立っているというのは、実に興味深いです。反対のことではなくて、同じことの表裏ということなんですね。

**光岡**◎立つというのは、少し腰が高くなる感じだと思います。そういう体だった時代の人が作った武術を稽古するならば、初心者の段階でしゃがむ必要があります。いわば白帯になるための練習です。

股関節や足首が硬いからできないと言っていた人もしゃがめるようになります。そう言っていた当人が一番驚いていますね。

要は股関節や足首が硬いというのは、本人が観念的に構築した、いわば「自己暗示体」でしかないということです。それが変わろうとする体の邪魔をし、拘束をかけてしまう。

もちろん変化の試みが「自己暗示体A」から「自己暗示体B」に変わるだけになってしまうこともあるでしょう。どちらも観念上の身体であり、本当の体ではありません。

このような稽古をすると足が痺れてくる感じを訴える人もいます。そのことで今まで自分がどこを無視して来たかがわかります。痺れる、悲鳴をあげると言っても、体を壊すような苦ではなく、どちらかといえば生みの苦しみに近いです。

**藤田**◉なるほど。こういうやり方なら、アメリカ人も納得してやれるかもしれません。坐禅にやって来る彼らは、頭では坐りたいと思っています。いかんせん股関節や膝や足首といった関節が硬いから伝統的な形で坐れないことに歯がゆさを感じています。しかし、それはあくまでも自己暗示体における硬さだということなんですね。

**光岡**◎その歯がゆさが大事です。観念で構築した体を見ているから「できない」と思っている人は多い。その多くにとっては「自己暗示体」の方がリアルで、観念に拘束された生活様式と概念でできた身体観こそが自分だと思っています。

**藤田**◉本当の体ではなく観念の体が硬いということですか。だから、それを変えない限り、ストレッチをしても本質的には何も変わらない。なるほど。思い当たることばかりです。

それにしても彼らは膝を折ることを嫌がります。まるで膝という関節がないような動きになっている人が結構います。

**光岡**◎そこはキリスト教と関係しています。神のもとへ行きたい。地上より高い所へ上がりたい。そういう考えで何代も経てきたので、神以外に対して膝を地につけるような姿勢をとるのが嫌なのでしょう。

**藤田**◉そういえばバレエも天上を目指す動きで構成されていますね。そうした文化の違いでいえば、仏教の瞑想はどうしても地に近づく方向へと向かいますから、彼らの深いところで抵抗があるのはしょうがないとも言えます。素足を直接地につけることも嫌みたいです。「なるべくなら坐禅堂では靴下を脱いでください」というと、なんだか裸になるような感覚があるようです。僕は基本的に裸足の方が気持ちがいいんですが、素足を嫌がる人がいたので、最初は驚きました。

**光岡**◎洋の東西を問わず、文化的に成熟していくと素足を嫌がり始めます。日本でも足袋《たび》が生まれましたから、やはり裸足は動物的な感じがするのでしょう。

**藤田**◉坐禅は素足で、しかも脚を曲げてそれを局部に近い所に持ってくるわけですから、西洋の人にはそれだけでも異様に感じられるのかもしれません。でも、インドではこの坐り方は五〇〇〇年前から聖なる坐法とされ、今に伝わってきています。

**光岡**◎坐禅のように結跏趺坐《けっかふざ》の坐り方は当時の中国でも新奇的で異質で、だから目を引いたのでしょう。「あれができたらすごい」みたいな感じです。少なくとも中国の遊牧民の文化背景から結跏趺坐は発生しないでしょう。騎馬では坐禅のように脚を組んで閉じてはおけません。

坐り方は普段の生活様式に規定されます。地に伏せる坐り方は立膝だとか、ちょうど兵《へい》馬《ば》俑《よう》に出てくるような足を交差させた坐り方になります。その一方で、結跏趺坐など従来にないことができるようになると多様性を実感できるわけです。そこが受けたのかもしれません。

# 第2章

# 精神と身体を持ってしまった現代人

## 「いただきます」の世界観

**藤田**◉光岡さんとお会いしていなかったこの一〇年の間に、ご自身の韓氏意拳に対する理解を始め、いろいろな考察が深まったと思います。そこでこの機会にぜひともうかがいたいと思っていたのは、かつては「確認ではなく、体認《たいにん》が大事だ」と話されていたことです。そのことについて、最近のお考えはいかがですか？

**光岡**◎たしかに以前はそう言ってました。でも、あれは間違いでした。というのも説明不足で、確認することが悪いわけではなく、ただ役割が違うだけなのです。「確認」と「体認」には異なる役割があり、その両方が必要となります。当時の考えと説明の仕方の問題に気づいたのは「身体」の問題に気づいたからです。

**藤田**◉「身体」が大事だから「体認」を強調されていたのではなかったのですか？　僕はそう理解していたんですが……。

**光岡**◎一照さんは古い書をたくさん読んでいるからわかると思います。「身体」という言葉は古典に出てこないと思うんですよ。

**藤田**◉身と体という個々の漢字はあっても、「身体」という組み合わせは確かに古い文献では見たことがありません。

**光岡**◎そう、古典には身体が出てこないんです。それぞれ別々だった身（み・シン）と体（から だ・タイ）をくっつけて「シンタイ（身体）」と呼び、「からだ（身体）」を意味するようになりました。これが現代人の身体観の基礎になっています。身体という語は明治になって、西洋から輸入した概念を翻訳するための造語です。

**藤田**◉つまり、ある時期を境に「体《からだ》」が「身体《からだ》」にすり替わったということですね。

**光岡**◎はい。では、明治の知識人は何に対する訳語として「身体（シンタイ・からだ）」を作ったのかというと、ラテン語を語源とする英語の「corps《コープス》」です。この「corps」には屍体《したい》という意味があります。さらに、この言葉の語源であるラテン語では「軍隊」を指します。

　子供の頃、これらの意味の関連性がわかりませんでした。というのも父が海兵隊にいたことがありまして、海兵隊は英語でmarine corpsといいます。辞書で調べたらcorpsには「屍体」という意味も含んでいると知り、混乱しました。

**藤田**◉身体という翻訳語の元になっていたcorpsが軍隊でもあり屍体をも意味すると言われても、なんでそうなのか。しっくりつながって来ないですね。

**光岡**◎それもそのはずで日本の文化からは出てこない発想だからです。言葉というものは語源の呪縛から逃れられないので、ルーツを知らないと呪縛がかかったまま勘違いをしてしまいます。それでも明治期の日本人はcorpsという違う文化背景を持つ言葉をなんとか身体に対応させた。

ここにトルコのチャイグラスがあるとします。私の住んでいる岡山には備前焼《びぜんやき》がありますが、備前焼とトルコのチャイグラスは同じかというと、どちらも水を入れて飲めはしても、備前焼の湯のみは備前の土でしかできませんし、トルコのチャイグラスはトルコのガラス加工でしかできません。

corpsを身体に置き換えてしまったのは、岡山の人がトルコグラスを備前焼の湯のみと訳す行為にも似ています。機能面だけを見て無自覚に新たな言葉を与えたことで、文化的な背景がわからなくなってしまった。「からだ」というのは土着の和語です。これに対して、当初は中国から輸入した「體《たい》」という字をあてて用いていました。他にも軀や軀、躰という語も使われていました。

冒頭で「体認」の話が出ましたが、「からだを認める」にしても、その「からだ」とは體なのか躰なのか。あるいは身体なのか。「からだ」によって観えて来るものは違います。そうであるならば、まず言葉とそれが指し示すものやことを整理しないことには、まったく意味の違うものとして伝わってしまうことも多いにあり得ます。

その上でcorpsが「身体＝軍隊＝屍体」であることについて言いますと、これを理解するにはラテン語を公用語としたキリスト教という一神教の身体観と世界観を知る必要があります。それらを解き明かす上で重要なのが「精神」です。

**藤田**◉その「精神」という語もまた明治期の西洋語翻訳のための造語です。自然と書いて「じねん」ではなく「しぜん」と読ませて nature の訳語にしたというのは聞いたことがあります。そういうことがたくさんのコンセプトに関して、明治期に起きたんですね。

**光岡**◎ドイツ語の geist《ガイスト》 の訳として「精神」が作られました。また、ラテン語をもとにする spiritus《スピリタス》 の訳としても精神を用いました。道家や中医学において「精・気・神」は人間の生命活動の根幹を成すと考えられており、それらのうちの「気」が抜けてでき上がったのが精神です。この spiritus、geist としての精神も corps= 身体と同じくキリスト教的な身体性が根っこにあります。

キリスト教においては、神は泥から人間をつくったとしています。根底のところで人間の身体は土塊にすぎないのです。そこに精神という神に与えられた崇高なものが宿らない限り、生きるに値しない。なぜなら身体はいずれ滅びる、取るに足らないものでしかないからです。だから身体は屍体の意味も含みます。

しかし、そんなつまらないものであっても、唯一神に授けられた高邁《こうまい》な精神が機能すれば、永遠不滅の神と交信できる。ここでようやく身体が軍隊と結びつきます。どちらも神がないと機能しません。神は「絶対的な大義名分の源」なんです。

たとえば軍を動かしたいなら「Blessing from God, in which we stand ＝神のご加護を得た我々」「神の名のもとに＝In the name of God, the lord」と、軍隊の士気を上げるための「精神＝Spirit」が宿されないと軍隊は機能しません。さらには〝あいつは悪いからやっつけろ〟と神からのお墨付きがあると相手をやっつける大義名分も立ち、神が自分の行動の正当性を保証してくれるので、自分の掲げる正義は絶対だと胸を張って士気を下げずに相手と戦えるわけです。そうでもしないと自分のものでもない土地や物資を奪うために殺戮をするといった、常軌を逸した振る舞いはできません。

**藤田**◉ところが西洋と違い、日本は多神教です。日本で「神様」といえば、それこそトイレにも台所にもたくさんいます。

**光岡**◎氏神や龍神やお稲荷さんもいて、それぞれに事情があって仲も悪かったりするから、その間を取り持つ人間の方が気を使わないといけない。たとえばマタギが山に入る前は奥さんと別の部屋で何か月前から寝ないといけない。なぜなら山の神様は女性だから嫉妬するというわけです。

**藤田**◉日本人の神様はオンリーワンの創造主ではない。日本では、神様というのは八百万《やおよろず》というくらいあまりにもたくさんいるものだから、唯一神というコンセプトは受け入れられにくいんでしょうね。西洋の唯一神も、日本へ来ると周りの神様と一緒に並べられて、ワン・オブ・ゼムにされそうになる。

**光岡**◎そうなってしまうのは、絶対の概念を理解しないとか信仰の問題ではなく、おそらくは唯一神に共感を示せない体をもっているからだと思います。

**藤田**◉なるほど。日本人の体が唯一神的なものを拒否するわけですか。生理的に受けつけない。ところが明治期に作られた精神は、まさに唯一神の世界観を前提にしているわけです。

**光岡**◎だから明治政府は唯一神の代わりに天皇を信仰対象としたわけです。たとえば「いただきます」という食事の前の挨拶があります。あれはいつから始まったかといえば、一〇〇年も歴史はありません。

戦中世代なら覚えていると思いますが、かつては「いただきます」の前に「天皇様、お百姓様、お父様、お母様いただきます」と言わないといけなかった。

実は食事の前に手を合わせて食べる風習も明治から始まりました。それどころか一家揃って食べることも西洋のテーブルマナーを輸入してから作られました。だから日本人らしく伝統的な作法で食べようとしたら、てんでバラバラに何も言わず食べる。明治以前はそうしていたわけですからね。

**藤田**◉文明開化の政策を進める上で西洋の文物を導入し、それを日本に組み込むためには、唯一神の概念が必要だった。だから天皇があらゆる場面で持ち出されたわけです。

**光岡**◎伝統的には、この島には唯一神がいません。国家という西洋由来のシステムを導入し、それによって国民の統制を図ろうとすれば、天皇を絶対化するイデオロギーを共有させればいい。そうすれば国民のコントロールはしやすい。こういう仕掛けを考え出した明治政府の要人は相当頭がよかったと思います。

ところが、そのことによってこれまで培って来た身体観が崩れてしまった。近代国家になって国民の健康を管理し、数値化を始めたことによって、「客観的に捉えられる身体＝私の身体」みたいになってしまった。

**藤田**◉そういう変化が生活のいたるところに気づかないうちに起きて、ものの考え方も無意識のうちに影響を受けたと言えそうです。

**光岡**◎ベースにあるのが「とにかく古臭いものを捨て、新しいものに飛びつく」というムーブメントでしたから、後先考えずに寺や仏像、城を破壊していった。西洋の真新しいものを紹介され、共感できる身体をインストールした途端、それまでが地味としか映らず、西洋近代の派手さと便利さ、かっこよさに持って行かれたんだと思います。

**藤田**◉江戸から明治へという大変革の渦中を生きた人たちは、そういう根本的なところでの移行とどのように折り合いをつけたんでしょう。実際はそんなに容易なことではないと思うんですが。

**光岡**◎明治半ばに江戸ブームが起きていろんな回顧録が出ています。二〇歳くらいに体験したことを六〇歳くらいで思い出して「あの頃も色々あったけれど、それなりに良かった。それにしても世の中は変わったな」といったようなものでしょう。だからと言って、江戸を取り戻そうとは思わない。明治の方がモダンだし、かっこいい。

けれども体には江戸の名残りがあるわけです。靴はかっこいいけれど、慣れない自分がいる。そういう自分の中の身体的ジェネレーションギャップがアイデンティティの規範になって行く。

もう少しかっこいい洋服を着たいけれど、下着はふんどしだし、家に帰ると丹前《たんぜん》に着替える自分もいるといった、江戸と明治の葛藤を抱えている。

**藤田**◉洋服の下は、ふんどしだった人は多いでしょうね。うちのおじいちゃんはずっとふんどしでしたし、何かあると着物を着ていましたね。

**光岡**◎「普通、下着と言ったらふんどしだろう」みたいな感覚でしょう。そう言えば、数年前にふんどしブームがありました。

**藤田**◉今、ふんどしって女性の間でもそれなりに広がっているようです。

**光岡**◎締め付けるのではなく、体に軽く巻くようなものを求める体の名残がわずかでも現代人にもあるのかもしれません。

## 自分はどこからやってきたのか

**光岡**◎かすかに前近代の体の名残があったとしても、体を客観的に捉えるようになった結果、いまの私たちにとっては「体」よりも「身体」のほうが共感を持てます。シンタイロン（身体論）と聞くと高尚な感じがします。でも、体論（カラダロン）ではどうも格好がつかないでしょう。

身体を観念的に共有することで客観的に捉えられるようになりました。だから病院に行けば「私の身体を診てください。どうなっていますか？」と私たちは聞くわけです。自分の主体を離れた概念上の客観的身体があると思えるから成り立つ問いかけです。車と同じく、他人に身体を修理してもらいに行く訳です。その時の身体は概念や観念から造られたモノになっています。

体が身体になってからというもの、私たちは自分の身体をとても不便なものに感じるようになりました。病気になるし怪我もする、老いてくるし、なかなか思い通りにならない。だから身体のマニュアルがあったら動かせるんじゃないかという考えで健康法や身体の動かし方が定期的に流行るわけです。人間は「思い通りになります。思い通りにできます」のキャッチフレーズに一番弱いですから。ましてやそれが自分の身体や生命がわずかでも思い通りになりコントロールできるかもしれない。そう想像しただけで高揚感に圧倒されてしまいます。

**藤田**◉身体論とか身体操作という表現を何気なく使うときに、私たちが知らないうちに想定しているのは、「自分ではないモノ」として自分の体に対しているということですか。自分自身が体ではなくて、身体という自分とは別なモノがある。それを自分が操作すると考える。

**光岡**◎「操作しないといけない」という発想は、自らを「自分ではないもの」として扱っているということです。これはみんなわざとしているわけではなく、ちゃんと理由があってのことです。それを考えておかなければ坐禅にしても武術にしても稽古が進みません。ヒントは古い言葉にあります。

最初に「體」という言葉をつくった人は体の経験を「**骨が豊かだ**」と感じたからそのような字を作った。體とはもともと豊かなものでどうこうしなくてもいいものでした。

ところが現代人は自身を豊かに感じることはなく、体は不自由で煩わしいもの。どちらかというと体から抜け出たいし、自分の体に責任を持ちたくない。不都合があれば病院へ行き、他人である医者に任せたいし、手早く健康になりたいと考えています。
だから今の時代は誰もが立派な死に方ができないのでしょう。親や先祖から授かった自らの体を他人に預ける。生命が一つの終わりを迎えようとしている時でさえ、いかに死を受け入れて行くかを省みることもなく世を去って行く。それが無様であるという自覚もなく私たちは生きています。そういう時代だからしょうがないとはいえ、諦めるのも歯がゆいことです。
そこで現代人の身体観が「體」に戻るためには、身と体を分けて検討する必要があります。まず「体」を意味する和語の「からだ」が手がかりになります。これは「カラだ、空だ、殻だ、枯だ」という大和言葉に由来します。つまり「**からっぽで何もない**」という意味です。比べて「身」は実（み）に通じ、何かが「ある」や「つまっている」「みちている」を意味しています。「からだ（体）」は無く、空いている。「み（身）」は満たされ詰まっている。これらの意味を区分しておかないといけません。

**藤田**◉なるほど。身と体の違いとは何かと言われても、身体観の歴史から説き起こすことはあまりないです。かつてと今の身体観の何がどう変わったかを理解する上で、その区別を検討するのは必要な作業です。

**光岡**◎そうです。かつての身体観を体験せずとも、現代風のアプローチで韓氏意拳を教えることもできます。しかし、そこにとどまらず「どうしてこういう形態になったか」と一歩踏み込んだ話にしたいのです。なぜなら物事には源流が必ずあるからです。現代風に終始するだけではルーツを見失ってしまいます。ルーツを訪ねないと今やっていることがわからなくなります。

なぜ日本語を話せるのかと言うと、私たちの前に日本語を話していた人がいたからです。そもそも私が生きているのは、祖父母をはじめとした血族がいたからです。さらに言えば人類という種が存在していたからです。そこには辿れる血筋と全体の種としての物語があります。それが抽象的ではない自信の源になるのだと思います。

**藤田**◉人間にとっては「自分はどこからやって来たか」ということが自覚のあるなしにかかわらずアイデンティティの源になっています。そこに安堵や安心を感じるということは間違いありません。

**光岡**◎アメリカ人の祖先は祖国を捨て、新しい国を作ろうというムーブメントで大陸へやって来ました。彼らは進歩に価値を置き、そのことで自分の存在をアピールします。そういうアメリカ人でさえ、アイルランド系だとかユダヤ系とか「自分がどこからやって来たか」をいまなおアイデンティティの基礎としています。そこが人間にとって外せないものならば、より正確にルーツを知った方がいいでしょう。自分の体感覚でさえもルーツに導けるようになれば、それが自信になって来ます。

昔はそれが普通にできていた。生きるためには自分の基礎が必要で、それは経験的に持つしかないし、それがないと生きていけないことがわかっていたと思います。ここでいう自信は外から取って付けたイデオロギーのように作られたアイデンティティではありません。自分の内から漲《みなぎ》らないと生じないものです。

たとえば「百姓で何が悪い」みたいな漲り方です。江戸時代の話ですが、武士がいたずらで農民の子供を脅し、刀を抜いて「生意気にしていると切るぞ」と言った。すると子供が「刺す気ないだろう。刺してみろ」とひるむことなく言った。しかも、どんどん近寄って来た。武士は気持ち悪くなって、刀を引こうとしたら子供がそれを摑んで自分の胸にぐさっと刺した。そして死ぬ時に「ほら、おまえは刺す気がなかっただろ」と言い放った。

**藤田**◉凄まじい気迫というか、自信の漲り方ですね。

**光岡**◎この生命観が今は理解できないでしょう。でも、子供でもそれだけ生きることに自信を持っていた。生きていることに自信があって、死をも恐れなかった。というよりも、「死んでも生きてやる」くらいの勢いがあって、その実感がないとこうはならないでしょう。この逸話のような人が近代以前はけっこういたんだと思います。現代のような身体を意識で操作するという考えからはこういう人物は出てきません。

## 「からっぽ」からすべてが生まれる

**光岡**◎身体技法や操作法など身体論はたくさんあっても、自分の中で何が身か体かわからなくなっていては、肝心なところが欠けていることになります。

新陰流など武術の伝書の一部では体《からだ》を「體」や「躰」として記し使い分けています。「身《み》の本《もと》」とは何もないからっぽさです。私たちは自らの本が何かわからないのです。だから確かな答えは何もないのです。

重要なことは、体は直接、外界と接触できないことです。私たちは必ず身を通して外界と接します。それの証拠に「技が身につく」とは言っても「技が体につく」とは言いません。ペンがあっても空中に色は塗れません。これが体です。ホワイトボードであれば色が塗れます。これが身です。

私たちは満たされたい欲があるのでからっぽのままでは納得しないし、満足いかないのです。けれども、からっぽの体からしか身は発生しない。では、それをどう自分で観ていくか。それが稽古になると思います。

**藤田**◉前章で腰とは解剖学的な存在ではなく、「感覚経験としての腰」という話がありました。腰もからっぽだとすれば、それをどうやって観て行けばいいんでしょうか。

**光岡**◎馬歩の姿勢の際に腰を下ろして集注観を持っていくとき、「腰はどこだろう」と探してしまっては、体を観ることにはなりません。腰はからっぽなのでそこを探しても何もありません。何か実感を持てるところは「身」であって「体」ではないのです。だから何が腰かと問われたら、「下ろしたときに観えてくる、空いている」ところというほかありません。

以前、甲冑をつけたことがあります。それでわかったのは、あれは体をうまく観えるようにしてくれるのだということです。体の空いているところを観えるようにしている。からっぽの体を前提にしたものなんだとわかりました。

くり返しになりますが、なんらかの動きや働きは体からしか発生しません。無いところから有るところへ向かっていきます。身という「ある」世界は働きや内面的な動きの発生後のこと。体は発生前のことです。

**藤田**◉無から有が生じるということですか。先ほど坐禅という形が発生してくる元の、形のないところについて話題にしました。今話している体と身の問題に直接関わって来そうです。

**光岡**◎私たちふたりが話をしているこの空間にしても、無いところがあるからこうして手を動かしたり、生きていけるわけです。すでに有るところからではなく、無から何かが生じる。

生命現象もそうです。**私たちは「ない」ところからやって来た。**しかも、なんで生まれて来たのかわからない。生命について客観的に話すことはできても、自分がなぜ生まれてきたかわからない。どれだけ客観的に言っても本源には届かない。それが「躰」が言うところの身の本です。「本《もと》」というのは私たちが生まれて来た理由のようなものです。

身体教育研究所の野口裕之先生は「生因がわからないのに死因がわかるはずない」と言われます。たしかにそうです。生きている理由がわからないのに、なぜ死ぬかを尋ねてもしようがない。

病因もそうです。なぜ病気になるのかと言えば、生きているからです。病が生因に由来しているのは確かだけれど、肝心の生因がわからない。

人間はおかしなものです。初めの一歩がわからないのに二歩目について言うからバーチャルに話を進めていくしかない。これも人間の得意なことではあります。かといって、どれだけ思索を巡らせても生因はわかりません。それを「本」と名付けても、それが何かはわからない。個人でも人類の集合体としてもわからない。

ただ、ひとつ言えるのは、死とは生の消滅だということです。生因が区切りを迎えるのが死です。しかし、それで生因が途絶えたかどうかはわからないのは、生命の歴史は人類のそれよりも長く、いまだかつて途絶えたことがないからです。その証明として私がここにいる。でも、なんで生まれてきたかはわからない。

陽明学では「本体」という教えと概念があります。本体とは、「それが何かはよくわからない」ものです。ただ抽象的な答えとしてごまかしているのではなく、王陽明は自身を観ていったら体に何もないことがわかったから、そう言ったのではないかと思います。

## 型稽古とは何か

**藤田◉**ここからは型についてお話をうかがいたいと思います。というのも、先ほど甲冑は体の空いているところを観えるようにしてある、と言われました。何も無いところを観ていく。その頃の武術はそういうことが意味を持つような身体観に立っていたということになります。

当然ながら武術の型もからっぽの体、何もなさを観ていくのを前提にしている。というよりも、当時の日常では「本体がわからない」を普通に感じられたし、そういう身体観を備えていた。だから現代人の身体観でいくら型稽古を行っても、当時の身体観には迫れないことがよくわかりました。

しかし、そういう古伝の型稽古とフォーマットに従っていたら向上するといった、普通のトレーニングとの違いを実感として理解することが、現代人にはそもそも難しいのではないかと思います。

**光岡**◎まず日常の中の普通のことが型であり、それが文化だということを思い返す必要があります。日本や中国、韓国には型があります。それは文字に象徴されています。

たとえば書では、「一」という横線ひとつの文字に意味を持たせられます。書道大会で入賞すれば、「すばらしい字だ」と評価されたりするわけです。ところが欧米では「A」を上手に書く大会はありません。

私たちは文字を書き順やはね、止めなどの型で覚えます。しかし、英語だと連続性を持たせたタイポグラフィに意味を置きます。決して文字ひとつに価値を見出さない。

運動に関しても同様です。アメリカではボクシングジムに入ると、まず「ミットを打て」と言われます。それだけです。これが日本だと「腰を回転させて、その勢いを拳に伝え、肘を内に入れ、顎を引いて打つ」といったような、「正しいフォーム」「正しい打ち方」という型を最初に教えられます。

ボクシングに限らず、スポーツ全般がそうです。タイガー・ウッズを教えたトレーナーが来日した際、子供を指導する番組に出ていたのを見ましたが、受講した人のフォームや動き方については何も言わなかった。とりあえず本人のやり方で打たせました。欧米では、そのスポーツや競技に必要なゴールに向け連続するムーブメントしか教えません。なぜなら打ち方、つまりフォームは自分で探すことだからです。

スポーツはムーブメントで構成されています。ところが日本は型の文化なので、向こうではひとまとまりの連続する動きとして捉えられているムーブメントを漢字の書き順のように捉えて学んでしまう。だから、真面目に練習するほどぎこちなくなるという弊害が起きるのです。

西洋と東洋では身体性、身体観がまったく違います。こうしたカルチャーギャップは向こうでも起きていて、本来柔道では一つ一つ型稽古として型があったのに、ロシアに渡りサンボになり、ブラジルでブラジリアン柔術になり、また、近代スポーツとしての柔道になっていく過程で、ムーブメント化が進み柔道の型稽古としての型が消えていきました。

**藤田**◉そのくらい大きな違いのある型とムーブメントでは、どちらから入る方が上達するのでしょう?

**光岡**◎状況設定や条件によります。武術における型稽古は競技にはなりえません。一回性を目的に作られているからです。スポーツは娯楽だから再現性があります。

ムーブメントでは、私という主体が目的というゴールに向かって動いていき、そのことでストーリーが作られていきます。しかしながら型においては私の外に型があり、「こうすればこうなる」というストーリーに私がなっていきます。

重要なのは、型は目的に向かわないということです。というのも、「いざ」という時はいつ起こるかわからないから、それを目的にしようがないからです。型は死んだら終わりという一回性を相手にしています。だから**型とは、一回性を生きる自分を観る稽古**だと言えます。

**藤田**◉よく言われるような、型稽古が実戦的でないという批判はそもそもお門違いなんですね。むしろ型こそが実戦的で、ムーブメントは人為的に設定されたルールを前提にしているから、そっちの方が非実戦的と言える。今うかがっていると、型とムーブメントの違いは、なんだか坐禅と瞑想の違いとパラレルなのではないかと思えてきました。とてもおもしろいです。

**光岡**◎武術の稽古は競技スポーツとは違い、型は一回性しか求めていないから極めて実戦的です。ところが皮肉なことに、今日に至るまで武術が生き延びた理由は、競技化したからだとも言えます。スポーツとなって社会に広がったから、「本来はどういうものだったのだろう」と考える人も増えたし、探求の機会も多くなった。一概に競技化を否定できないのはそこです。

**藤田**◉西洋で仏教が流行っているのも、スポーツ化された武術と似ています。実際的な効果を前面に出して、世俗的にとっつきやすい形を入り口にしたから、多くの人の関心が仏教に向けられています。ただし、そこから先のもっと本質的な宗教的関心に応えられるだけの奥行きが、今の仏教にはあるのかどうか。僕はもしかしたら実態としてはけっこうお寒い状態なんじゃないかと危惧しています。

　とはいえ、仏教にも実際に何が起きるかわからない状況に立ち会ったときに、それを乗り越えていけるような身心をふだんから練るための型のような行法があることはあります。

**光岡**◎そうした古から伝わる型を学ぶにあたっては、より深い洞察が必要になって来ます。たとえば居合の源流である林《はやし》崎《ざき》新《しん》夢《む》想《そう》流《りゅう》居《い》合《あい》の型では、膝と膝が交差する間合いで九寸五分の短刀で突いて来るところを三尺三寸の太刀で切り止めます。圧倒的に不利で動き辛い状況を型にしています。なぜこの動きをするかと言うと、やりづらい状況でないと体が練られないからです。やりづらさを動きやすいムーブメントに変え、型の状況設定やルールを変えてやりやすくしてしまっては元も子もありません。やりづらい状況で自分の中を観ることにより一段階深いところでの自然が一筋の光明のように発生します。そのとき自分にとって核となる自然な動きが発生するのです。

**藤田**◉そこでは自分のあり様をどこまで深く観られるかが問われます。それが実際の時、つまり絶対の一回性として生じる。だから、「この技を実際にどう使うか」ということは型の稽古では問題にされないわけですね。

**光岡**◎実戦では相手が何をしてくるかわかりません。一対一とも限らないし、不確定要素が多すぎます。それを前提に体を練るのが武術の稽古です。

**藤田**◉仏教の修行でもそれは同じことが言えると思います。まさに坐禅がそうです。**一寸先は闇という現実においてちゃんと生き抜いていける身心を練っている。**何もしないで坐っているので現実遊離に見られることが多いのですが、むしろ**現実に直接する稽古**をしていると言った方が当たっているのです。普段のわれわれの方がむしろ現実遊離状態なんです。だからこそ、それを稽古することは、今日においてはとても意味があると思っています。

**光岡**◎禅においては教義と行は結びついていますか？

**藤田**◉はい。行は教義を受肉化し、体認し、表現していくためのものだと捉えています。不安でたまらない時に「その不安な心をここに持って来い」と言われるとします。「不安といったって、探しても見つからないし、ここに持ち来たることもできないだろう」と言われれば、「なるほど。そうかな」と思って一時的に不安は解けるかもしれない。

しかし、あくまでそれはそう聞いただけの話だから、徹底的に自分で探してみて、本当に見つからないということを実感してみろというわけです。わかりやすくいうと、教義と行の関係はそういうものではないかと思うんです。教義が本当かどうか自分を実験材料にして試していく。道元さんは「仏道をならふといふは、自己をならふなり」と言ってます。仏道の稽古というのは自己を稽古する。もっと言えば、仏教を指針にして自己の現実を稽古することだというわけです。もちろん、行で起きていることを説明するという意味も教義にはありますけど。

**光岡**◎何かを実感する時に行に転換するわけですか。

**藤田**◉そうです。行が問題にしているのは何をするかというよりは「いかに」という、いわば取り組みの態度です。what ではなく how。だから、掃除にしたって料理だって、あらゆる活動が行になりえるのです。洗面やトイレを使うことも立派な修行だと道元さんは言っています。そういう日常の平凡な営みに修行という質を持たせるのは何かという問題ですね。

**光岡**◎つまり型のない行もあるわけですね。

**藤田**◉こういう言い方が許されるなら、フォーマルな行とインフォーマルな行があります。五体投地《ごたいとうち》や坐禅という正式な形のあるのがフォーマルな行で、台所仕事や掃除といった日常の活動がインフォーマルな行です。フォーマルな行とインフォーマルな行が相まって、修行が進んでいきます。基礎と応用と言ってもいいかもしれません。

**光岡**◎せっかくですから、この機会にまずは五体投地を見せていただけますでしょうか。

**藤田**◉では実演します。五体投地では、体は下に向かいつつ、お袈裟《けさ》の一部をつまんで持ち上げます。仏の体とされているお袈裟を踏みつけないようにするためです。ですから下と上へ行く動きが同時にあることになりますね。法衣やお袈裟を着け始めた頃は、着慣れていないので、裾《すそ》を足で踏んでよろけてしまったり、托鉢《たくはつ》のときに並んでいる自転車に袖を引っ掛けてドミノ倒しになってしまったりと大変でした。お客さんにお茶を出すときもうっかりすると袖をひっかけてしまうので、もう一方の手で手前にたぐりながら手を外に出していきます。この時も、外へ向かう動きと同時に内側へ引く動きというように同時に二方向に動かざるをえない。最初の頃は、こういう動作が面倒で邪魔でしょうがなかったですね。今はもう身についていますから、そうでもないですが。

**光岡**◎衣があることで右手首から臂にかけて垂直感が出てきますね。

**藤田**◉作務衣を着ている時よりも法衣での方が、こういう動作をやりやすいと感じるのは、そういう理由があるのかもしれません。

五体投地では坐具を敷いてお拝し、額、両肘、両膝を地面につけます。体の五か所を地につけるので五体投地というわけです。必ずきっちり五か所を床につけます。これを三千回とか十万回とかすごい数でやる人もいます。十万回すると人間が変わると言われていま す。

まず、立位で合掌《がっしょう》し、中指の先端を鼻先くらいの高さにします。両手を鼻から拳一個くらい離して、肘は無理なく張ります。肩の力は抜いて、肘は地面と平行にし、指は揃え、手はまっすぐ垂直です。

股関節から上体をゆっくり前に倒して、一礼します。袖が下に着くかつかないくらいまでお辞儀をします。お辞儀をしてから上体をもとに戻し、垂直に保ったまま膝を床につけるように沈んでいきます。左手は合掌の位置のままです。右手は膝でお袈裟を踏まないように一部をつまみあげながら、膝を折って下に降りています。途中で、われわれが合掌長跪《ちょうき》と呼んでいる、両膝で上体を支えて跪《ひざまず》く姿勢で合掌している格好になります。

そこから正坐の姿勢になり額を地面につけていきます。両耳の外側に手のひらを上にして床に置きます。そして、その両方の手の平に仏さまの足を置いているという感じでゆっくり上に持ち上げていく動作をします。両方の手の平を水平に保ったまま、自分の耳たぶくらいの高さまで上げていきます。そして、ゆっくり手の甲を床に戻します。これで、元のひれ伏した姿勢に戻ることになります。

ゆっくりと上半身を起こしながら合掌し、ここから立ち上がります。この時「よいしょ」

①立位で合掌する

②股関節から上体を倒して一礼する

③上体を垂直に保ったまま、膝を床に付けるように沈み込む（合掌長跪）

④正坐の姿勢になり額を地面につける。両耳の外側に手のひらを上にして床に置く

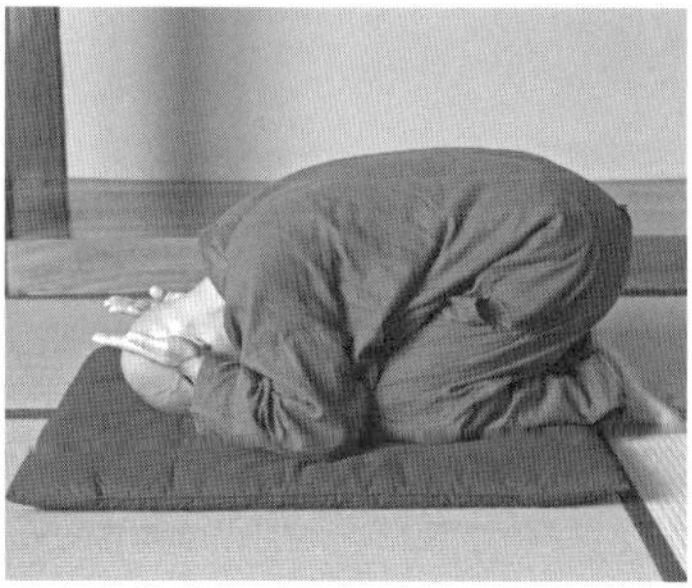

⑤手のひらに仏さまの足を置いている感じで、手のひらを水平に保ったまま、耳たぶあたりまで持ち上げる

⑥前面から見た形

と大儀そうに立ち上がってはいけません。なるべく手で床を押したりしないで、合掌のまま上体を垂直にして上に上がり、スムーズに元の立位に戻るのです。これを所定の回数、丁寧にくり返します。

**光岡**◎いや、まこと見事に型が残されていますね。五体投地の所作の起源はいつくらいですか？

**藤田**◉不勉強なのでわかりません。ただ南方仏教にもチベット仏教にも五体投地の所作はありますが、まったく同じではありません。今お見せしたのは、曹洞宗で行われているものです。やはり中国に起源があるのではないでしょうか。

今では「型にはまる」というのは、あまり良い意味では使われていません。僕も禅宗の世界に飛び込んで、とにかくいろいろな型を覚えないといけないとなったとき、「なんでこんな不自由な持ち方をしたり、歩き方をするんだろう」と思いました。そういういろんな所作がいつから始まったのかわからないけれど、なるべく崩さないでずっと伝えられてきている、由緒のある型らしいとは感じられます。

**光岡**◎五体投地の他にも以前、儀式の際の所作を見せていただきました。朝のお勤めで経を唱えるリーダーにあたる人に見台に載った経典を届ける。そういう役目の人の動きでした。それがとても印象的だったのです。

そこで思うのですが、ああいう所作や五体投地をせずにいきなり坐禅を始めるのは、かなり難度が高いのではありませんか。習字で言えば、字を崩さずに書く楷書《かいしょ》を飛ばして、草書《そうしょ》から始めるようなものではないでしょうか。

特に欧米での禅への憧れから始める人にとっては、「胡座《あぐら》かいておけば禅」みたいに捉える人もけっこういます。たとえていうならば、誰かの書いた草書をモダンアーティストが真似したようなものです。その背景に五体投地や儀礼のようなルーツがあるとは思っていません。それでは古の身体観は捉えられないでしょう。

**藤田**◉その通りですね。儀式の身体作法を何千、何万回としている人が坐禅に取り組むのと、そうでないのとでは歴然とした差があります。とはいえ、僕たちは先輩から「こういうものだからこうやれ」と言われて、彼らの示す見本を見て学んで覚えはしても、特に深い意味合いを教わらずにやってきました。五体投地のような儀式の身体作法や所作を、集注観を導いてくれる型と捉えれば、修行とは意味も解らず一定の外形をただ我慢して保ったり、苦痛に耐え

禅の所作：経典の載った見台の持ち方

るだけの退屈なものではなくなる。自分の体を観ていくおもしろいものだということに気づくきっかけになるんじゃないかと思います。

**光岡**◎私はどうしても武術で考えてしまうので、気になったことを話します。先ほどの五体投地の際の礼からしゃがむところについてです。武術では常に相手がいますから、そこで思うのは礼をするときに相手の手があったとしても、いつも通りの自分の礼ができるか？　ということです。ちょっと体験してみてください。

**藤田**◉光岡さんの手が私の行いを邪魔しているように感じて、ぶつかってしまいます。手を押し返そうとして力が入ってしまいますね。

**光岡**◎いつも通りやろうとすると、ぶつかってしまいますよね。今度は集注観を変えてみます。袈裟のラインを観て、それから肘を観てください。

**藤田**◉はい。

**光岡**◎そして礼をしてしゃがんでみてください。

**藤田**◉あれ？　ぶつからずに礼ができましたね。どういうことですか？

**光岡**◎一照さんはいま古い体を観たんです。集注観によって身体的ジェネレーションギャップをタイムトラベルしてひと昔前の体になったと言えます。

先ほど衣と垂直感について触れましたが、五体投地を観たとき、こういう集注観でやるんじゃないかと気づいたのです。

そこで思うのは、沢庵《たくあん》と柳生宗矩のような、体の動きに隙のない僧侶に対し一流の武術家でも打ち込めなかったという逸話があります。「これはかなわんな」というのは動きや所作の隙のなさがあったのでしょう。もうひとつ考えられるのは、沢庵がすごくいい人だから、さすがに打ち込むのを躊躇《ちゅうちょ》されたか、あるいは打ち込む隙もなく人柄も良かったのかもしれません。

**藤田**◉袈裟のラインを観るということを禅の修行している人がちゃんと知って修行の中に取り入れたら、それがすごくおもしろいものになるだろうなと思います。体も楽で悦ぶでしょうし、五体投地が愉しくなるはずです。なにより、やっていることの意味合いが実感できます。

**光岡**◎先ほど「肘を観てください」と言ったら、観えやすかったと思います。それは普段から型をされているからこそです。いわば型がレンズみたいになっている。

そうして捉えて動いたとき、近代的な身体観が「やりづらさ」として感じられてきます。先ほど「なんでこんな不自由な持ち方をしたり歩き方をするんだろう」と話されていました。ひと昔前の身体観はそういう「やりづらさ」が消えたときに立ち上がってきます。

こうしたカルチャーギャップに可能性が見出せます。なぜなら今までの先入観や固定観念が解体されることで新しい自分の体感覚による経験へとつながっていけるからです。

　禅がアメリカに渡って向こうの人が何かを感じ、韓氏意拳が中国から日本に入ってきて、今まで日本の中だけでやっていたものとはまったく違った体感覚を得たり経験でき、それが私たちの体の多様性を獲得することになっていきます。他文化の体験を自分の中に入れ、そこからまた新しい体の経験をし、そのことで「自分にはこういう体感覚や体もあるんだ」と発見していけます。そうして多様性や豊かさが体の中に発生するのです。

**藤田**◉自国の文化の枠の中だけで体を捉えると、一方的に規制していくような働きになってしまい、多様性を失ってしまいます。あくびしたいのに、なぜ今してはいけないのか。文化によってはいつ何時、どこであくびをしてもまったく問題なく、自発的な生理として位置づけられています。

　しかし、日本では内側から催されてくるものを外に表すことはしばしば無作法だとして抑えつけられ、あくびは噛み殺さなくてはなりません。ため息は飲み込まなくちゃいけない。そうやっていると、いつしかいったい何が自然な催しなのか、わからなくなってしまいます。

**光岡**◎中医学では、咳は慣習で持続させてしまうと気管支炎になるから抑えはしても、それ以外の外に向けて発生する「くしゃみ、ゲップ、あくび、オナラ」などの働きは止めない方がいいとされています。中国は今だにその文化があって、げっぷや、おならや、あくびを公ですることに抵抗がない人も少なくありません。だから仮に面前でしたとしても、それを自然なこととして恥ずかしいとも思わない人が少なくありません。

日本も「公で生理現象が出ることはマナーに反する」的な規制がかかったのは明治からでしょう。どう見ても風俗が変わりましたからね。躾という字が作られたのもそう古くない時代のはずです。昔は風習も違い、人は皆、げっぷもあくびもオナラも恥ずかしがらずにいたしていたかと思われます。

**藤田**◉美しい行儀作法の形は、体の邪な内側からの催しを抑えるものだという思い込みが強いです。文明が自然を征服するみたいな構図がそこに見える気がします。

**光岡**◎私たちが武士やお姫様に抱くイメージは時代劇がもとでしょう。でも、実際は全然違うのではないかと思います。意外とあの格好でおならしていた可能性も大いにあります。それを**わざわざ記載しないのは、当たり前すぎるから**です。みんながしていたらわざわざ「こんな時におならした」と言わない。汗をかいたのと同じ自然現象ならわざわざ書かない。

**藤田**◉今どきは汗をかくことさえも恥ずかしがります。制汗スプレーなんてものが売られたりしています。美しい所作や佇まいへの過度なこだわりが内なる野生を抑圧することになっているんじゃないでしょうか。

**光岡**◎西洋だと会食の際のげっぷや音を出して食べることはマナー違反です。おそらくはげっぷやおならをはしたないとする考えは、やはり明治以降の欧米由来の価値観だと思います。

**藤田**◉**人間はそのまま放っておいたら野蛮で野生になるという考え**がどうも根底にありそうです。アメリカでは坐禅に関して「tame the mind」というような表現を耳にすることがあります。「心を飼いならせ」という意味です。これは心を家畜のイメージで見ていないと出てこないメタファーだと思います。

**光岡**◎昔の坐禅も音が賑やかだった可能性はありますよね。自然に坐るとなれば、おならも自然に出るわけです。

今や私たちは近代以前にまったく共感できません。今の社会形態の中で身につけたことが過去を見る際の先入観や固定観念の基礎になっているからです。

**藤田**◉近代以前に共感するには、そもそもの基礎自体を疑わないといけないですね。

**光岡**◎でも、それは難しいことかもしれません。たとえば iPhone を世の中からなくすというレベルの話になるからです。唯一できることは、身に付いた嘘の部分を見極め、内観して体から変えていくこと。世の中を疑い変えようとするよりも、まず自分から変えなければ何も変わりようがありません。

## 坐禅の身体感覚

**藤田**◉五体投地に次いで、坐禅を見てもらいます。敦煌《とんこう》から出てきた七世紀くらいの文献に、臨済宗のお坊さんの話としてこういうことが書かれてあります。

ある人が僧侶に「どのようにしたら坐禅ができますか?」と質問した。すると「『このように』と答えたら禅ではなくなる」と返した。「どのように坐る」ではなく「ただ坐る」。このの「ただ」が難しい。どうしても「ただ」を「どのようにするか」と考えてしまう。このところでみんな苦労します。ほったらかしでもダメ。どのようにと聞いてそれをやったら自然でなくなってしまう。ここをなんとか突破したい。

**光岡**◎「どのように」のような質問ですが、脚を組むときに一応手順としてはどちらかの脚が上とか決まりがありますか?

**藤田**◉僕としてはその順番にあまりこだわらなくていいと思っているのですが、伝統的には結跏趺坐にしても半跏趺坐《はんかふざ》にしてもいつも左脚が上になるように指導されます。仏像では逆になっています。仏像はすでに目的地に到達した姿で、凡夫《ぼんぷ》はその途中であるから、同じであっては申し訳ないというような説明がされています。あまり説得力がないなと思ってますけれど（笑）。

①左手を右手で包むようにして叉手する

②坐蒲の上に腰をおろす

③肩甲骨を一度上げてからストンと落とし、両腕がぶら下がった状態から、肘から曲げて前に持ってくる

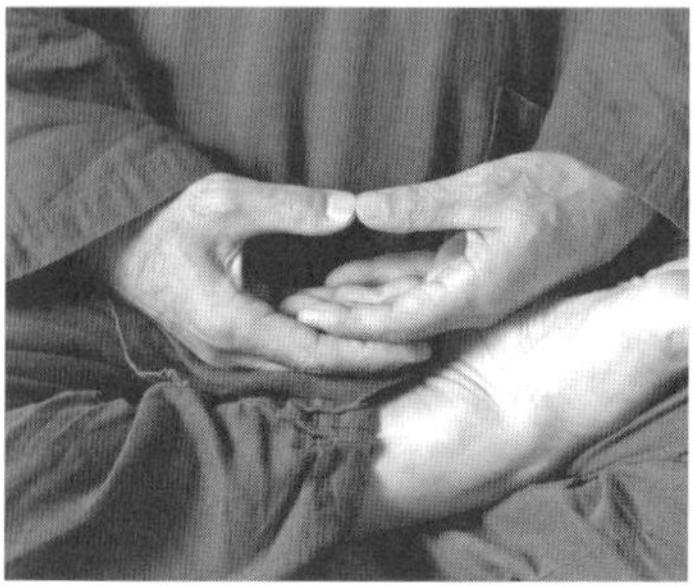

④手の形

⑤目・耳・鼻・舌・体・心という六つの感覚機能を働くままにオープンにしておく

坐禅の姿勢①：骨盤が後傾して背中が丸くなる。この姿勢だと呼吸が苦しくなる

坐禅の姿勢②：骨盤が前傾して背中が反る。この姿勢だと背中に緊張が起きる

坐禅の姿勢③：腰椎が自然な感覚のまま上下に伸びていく。この状態で坐禅をするのが一番快適になる

脚の組み方云々よりももっと大事なのは、坐骨に体重が自然にまっすぐ落ちていることだと思います。体重が落ちる坐骨のポイントが後ろ過ぎると、骨盤が後傾して背中が丸くなってしまいますし、ポイントが前すぎると、骨盤が前傾しすぎて結果的に背中が反ってしまいます。

肋骨と骨盤のあいだの五つある腰椎が自然な湾曲のまま、感覚としては自ずと上下に伸びる感じが大事です。骨盤を無視して背中だけでまっすぐにしようとするのではなく、骨盤の傾きを調整することでそれにつながっている背中が結果的に上下に伸びる感覚が生まれます。「ああ、ここだな」という坐骨のポイントがあります。そこがわかったらあとは何もせずに、その背中が上下に伸びている状態を観ているだけ。

坐禅の時に口うるさく「背中をまっすぐにしろ」なんて言うのは日本くらいです。中国や東南アジアで瞑想中に多くの人が坐っている姿勢だと、日本の禅道場でなら「そうじゃない」と言って直されるんじゃないですかね。これも日本文化の特徴かなと思います。それとも、近代化の結果なんでしょうか?

肩甲骨を上げてストンと落とし、両腕がぶらんとぶら下がった状態にしてから、肘から曲げて前にもってきます。肘から上はぶら下がった状態を崩さないようにします。肘をうまく使わないと腕ごと前にもってくる感じになります。すると腕の重さが丸太のように感じられてしまいます。うまくすると腕が消えるような感じがする手の置き方があります。ダルマさんの人形が手足がなくなっている格好で造形されているのは、もしかしたら坐禅の体感をそのまま表したものなのかもしれません。

**光岡**◎ダルマが体験した身体観でしょうね。

**藤田**◉あとは六根《ろっこん》開放《かいほう》といって目・耳・鼻・舌・体・心という六つの感覚機能を働くままにオープンにしておきます。閉じて遮断するのではなく開放して受信する。音は聞くのではなく、聞こえている。目も見るのではなく見えている。心も思考を操作したり、停止させようとするのではなく、聞こえてくる音と同じように、浮かぶまま、消えるままにしておく。六つの感覚機能に対し、同じような受信的でオープンな態度で臨み、どの感覚器官にもとらわれないように均等に自分をさらしているというような感じです。呼吸もことさら深い息をしようともしない。体に任せて、呼吸が勝手に起きている様子を見守っているだけです。

ふつう坐禅というと、ある特別な境地を目指して心を操作していくみたいに考えられていますが、そうではありません。六根開放の状態で、こちらから経験に手を付けずに起こるがままにしておく。

坐禅という営みはそもそもどうして発生したのか。その起こりは何だったのだろうかと考えています。意拳では意《い》を行動の原点としていますよね。
**光岡**◎意についても考えが変わりました。意拳の始祖、王薌齋はある時期に意と念という語を使い、「意念空洞《いねんくうどう》」という言葉を残しています。一〇年前は観念的に捉え「気持ちをからっぽにする」とか無念無想みたいなものかなと思っていました。

最近は意念空洞が身体観であることが経験的にわかって来ました。どういうことかというと、「意が発生する体」と「念が発生する体」が、共に空洞から生じることが観て取れるようになったのです。意も念も生じる源は空洞で、還って行くのもそこです。

体感覚として念は粘着していて、意は瞬間的に生じては消えていきます。念は「ねん、ニェン、niàn」と意は「い、yì」の発音からも質感の違いがなんとなく伺えると思います。
**藤田**◉そこで言われている念というのは、僕らが言う思考のことですか？
**光岡**◎念や思、想、意と心と関係する言葉がたくさんあります。それぞれ分けて考えないといけません。念とは「実感がある」と感じられるけれど、実はリアルではないもの。だから念は体から外に出し、身から離していかないといけない。意は外からの何かを捉える働きがあります。新陰流では意と書いて「こころ」と読ませています。
**藤田**◉それは仏教も同じです。眼耳鼻舌身意《げんにびぜっしんい》の最後の意というのはいわゆる「心」のことです。

**光岡**◎意は心のようなもので他の存在との関係性の中で働きます。悟りの瞬間の「あっ、そうか」と生じる心の働きや「格物致知《かくぶつちち》」や「看脚下《かんきゃっか》」「喫茶《きっさ》」といった言葉からもそれはわかります。つまり、内外の他者から諭《さと》される時に発動するのが「意」なのです。

**藤田**◉外からの刺激に対する応答として意が働くわけですか。

**光岡**◎ややこしいのは、思い入れやバーチャルな出来事に対して心が動いたり、意が働く場合もあります。「意」は内外を問わず、他者に対して瞬間的に気が向いたり、何かにパッと気づいたりする働きを指します。意は刹那《せつな》的に風が吹き抜けるが如く、瞬時に生じは消え、消えては生じ、識ることのできない一番すばやく軽い心の働きを指します。

それに対して「念」は意の真逆です。「念」とは心の途切れない持続性で、ぐぐっと深く何かにしつこく付いて行くような、人間の中で最も濃く粘り強い心の働きです。そこで「意念空洞」です。「意」であろうと「念」であろうと空洞から生じ、空洞へと還って行くというわけです。意という刹那的に生じては消えてしまう集注観と、念という根強い持続性が伴う集注観を駆使して初めて体の空洞観がわかることを王薌齋は体感覚や感覚経験として持っていたのではないかと思います。

**藤田**◉感覚経験の話のついでにもうひとつお見せします。坐禅をしているとどうしても血の巡りが悪くなるので、合間に立ち上がってゆっくり歩きます。仏典にも「ブッダは瞑想から立ち上がって木と木のあいだをゆっくりと歩かれた」と書いてあります。この歩き方もひょっとしたらブッダの感覚経験から来ているのかもしれません。

歩くときは手を振りません。法衣の長い袖を下に着けないためだと言われますが、もっと別な意味もあるんじゃないかと思っています。左手の親指を内側に巻き込んで軽く握り、右手で軽く覆って胸の高さに置きます。叉手《しゃしゅ》といって手をクロスするジェスチャーです。

そして体を上下にまっすぐ立てて、息を吸いながらまず右足を前に出し、吐く息で右足に体重をかけます。体を固めると息が深く入りませんから吸った息が足底まで届くようなくつろいだ感じで、しかし凛としたクオリティを保ってゆっくり歩いて行きます。次の吸う息でまた一歩踏み出し、吐く息でその足を踏み込んでいきます。上体が左右にぶれないように安定した歩きを心がけます。踏み出す脚が鳩尾あたりからぶら下がっていて、腰が前へ出るときにそれが振り子が振れるような感じで前に出ていきます。この動作は坐禅と同じように半眼《はんがん》で行います。

腰から上は坐禅の時と全く変わらない格好で歩いているという感じです。どこか別な目的地へ急いで行こうとしているのではなく、今の一歩を歩くために歩いている。時間が来たら鐘が鳴るのであとはスタスタという感じで、自分の坐る場所に戻りまた新たな気持ちで坐禅に取り組みます。坐っては歩き、歩いては坐るというくり返しです。こういう坐禅

若き日の藤田一照氏の経行

澤木興道老師の経行

の合間に歩くことを経行《きんひん》と言います。

**光岡**◎親指を隠すことが型として残っているのはすごいですね。仏教だと印の意味もあるのでしょう。柔術では、親指や親指の爪を隠して当て身を行う流派が主流でした。当て身はパンチではないので、拳尖《けんせん》のあたりを用います。この方が有効だからです。中国大陸だと拳を握る際、親指を出し、集注を小指のほうに持って行きます。親指を出しても使わない。それぞれ体のまとまり方が違います。

**藤田**◉能でも爪を隠しますね。「指の形が違ったくらいで大したことはない」と思いがちですが、体感としては大きな違いがあるんですね。

# 第3章

# マインドフルネスと瞑想

## 本当は危険な坐禅

**光岡**◎グーグルやインテルといったIT系を始め、大手企業がマインドフルネス瞑想を研修で取り入れ始めています。その影響からか日本でもここ数年、出勤前の時間を勉強や趣味にあてる「朝活」が盛んで、マインドフルネス瞑想を行ったり、参禅したりする人もそれなりに増えていると聞いています。そもそもを言うとマインドフルネスは仏教の影響を受けていますよね。いわば逆輸入した欧米的な仏教観が流行っているわけです。

**藤田**◉エクストリーム出社だとか朝活禅だとか、いろんな言葉があります。僕自身が日本マインドフルネス学会の理事を務めておきながらこう言うのもなんですが、マインドフルネス瞑想にしても朝活禅にしても、それをしたからといって果たして仕事へ行く気がむくむくと湧いてくるものでしょうか。そんなにうまいことといくのかなと思うんです。

もしかしたら、坐禅したせいで仕事するとか社会に役立つといったことがどうでもよくなる人だっているんじゃないかと思ってしまいます。瞑想や坐禅に関しては、お酒やタバコに書かれた警告みたいに「あなたのジョブライフのためにやりすぎに注意しましょう」とあらかじめ断っておいた方がいい（笑）。思ってもいなかった副作用ってものがあるからです。

僕の場合、若い頃に人から言われて坐禅をやったら、それにはまってしまった。そのせいで路線を変更して、お坊さんにまでなってしまった。両親から見たらカルトにはまったも同然ですよね。大学を卒業して就職してという世の中で当然と考えられている価値観が相対化されるきっかけになったのだから、坐禅というのは場合によっては相当危険なものなんです（笑）。

伝わるところによれば、悟りを開いた直後のブッダはこう言ったそうです。「私の見出したダルマ（法）は世の流れに逆らうものだから誰も見向きもしないだろう。教えても誰にも理解されず、徒労に終わるからこのまま涅槃に入ってしまおう」って。

禅もそうです。現状の社会にうまく適応することやそのコツを教えているものではありません。むしろ、それに根本的な疑義や異議の申し立てをしている。世の流れに逆らうようなものなんです。どう見ても**世間の期待に応えるようなものではありません**。

**光岡**◎そこを知らずして期待する人は多いと思います。マインドフルネスにしても、クリエイティヴィティを活性化させるためのマインドを養って、今日のプレゼンテーションをがんばる。そういう効用を望んでいるのでしょう。

**藤田**◉ところでマインドフルネスでは、感覚に注意を向けなさいとよく言うのですが、この点についてはどう思いますか？

**光岡**◎とても現代的な教えだと思います。

**藤田**◉やはりそうですか。光岡さんのいうような有る感覚ではなく、無いところ、つまり「間」を見なさいというのは、そもそも発想として出てこないようになっているんですね。

**光岡**◎「間」が空や無ということだと思います。空や無は道教や仏教で大切にされています。それは特殊だから大切なのではなく、そこに目を向けないといけないから大切なんでしょう。感覚は放っておいても気になるし、そちらに気持ちが引っ張られやすいものです。特に意識は感覚と同調しやすい。中国語の「関注《グワンヂュー》（かんちゅう）」がヒントになるのではないでしょうか。

**藤田**◉聞いたことがない言葉ですが、それはどういう意味ですか？

**光岡**◎「空いている関に何かを注ぐ」という意味で私は理解しています。それが中国語の関注、すなわち空いている所への集注になります。

**藤田**◉現代人は考えたことばかりに注目して、身体感覚に目を向けることがあまりにも少ないから、マインドフルネスではそのことへのカウンターバランスとして敢えてそのように言っているのかもしれません。思考はイリュージョンだけど、感覚はリアルだからそこに注意を向けなさいというわけです。

**光岡**◎体に目を向けられなくなったのが大きいでしょう。目を向けているつもりでも、概念上の感覚と身体に過ぎない。瞑想と言いながら、意識主体のトレーニングになっているのがほとんどではないですか。

**藤田**◉確かにそのような傾向はあります。心理主義的なバイアスが強いといったらいいんでしょうか。以前、スターバックス本社で瞑想の指導をしました。その経験で言うと、ビジネスマインドを持った人を相手にするのがいちばん難しいです。なんでも頭で意識的にやろうとするから、坐禅の体験が近代的な考えの範囲を超えないのです。

**光岡**◎頭から体に降りてこないでしょうね。

**藤田**◉今は日本人でもその傾向はあります。けれどもアメリカ人の場合はさらに強固に「体は心が操作する道具だ」と思っています。それこそ、それが身体性になっています。

だから「体の持っている叡智」と言ったところでまったく観念のレベルで捉えられてしまいます。現代の社会で考えられている「私」とか「自分の体」に関して、彼らが「当然そういうものだろう」と理解しているものと、禅の言うそれらはまったく違います。

あるいは常識的な理解に関して、「本当にそうなのか？」と根本的な疑問を持つことが重要なわけです。それが瞑想あるいは坐禅の入り口にならなければいけないはずなんですが、その前提を共有することが難しい。今の考え方の枠内で、努力すれば何でも料理できると思い込んでいる。

**光岡**◎彼らにとっては「身体は心が操作する道具」からさらに進んで「心は頭にある」ことが前提になっているようですね。そこは「まったく違う、本来はそうではない」とはっきりと言った方がいいですよ。

**藤田**◉そうなんですよ。誤解に基づいたまま修行がスタートしてはいけないと思っているんですけど、僕の力不足でなかなかそれを伝えるのが難しいです。自分の考えの枠組み自体を疑うとか、その枠内で期待しているものをとりあえず手放すといったことは、人間は普通はやろうとしません。

でも、それなしでは昔から伝わる、自分と向き合ういい方法があっても、その力が発揮されません。気づかないうちに何か別なモノに変質してしまうからです。ここに大きな関門があるように思います。

**光岡**◎気になるのは欧米圏のマインドを心と訳してしまう日本人の感性です。私自身はマインドは心でないと理解しています。

**藤田**◉マインドと心ではその射程に隔たりがありますね。また日本でも現代人が常識的に理解している心《こころ》と仏教の言う心《しん》は異なると思います。

たとえば空海さんは「心は十ある」と言っています。それこそ獣の心からブッダの心まであるのだから、「どの心で修行し、どの心で世界を見るか」ということが問題にされます。

マインドフルな状態になろうとしても、それが「他の人より少しでもたくさん給料をもらいたい」と思っているような心でやろうとするなら、マインドフルネスとは両立しないはずです。だからマインドフルネスを目指す人には、「**そもそもあなたが心だと思っている『その心』を入れ替えないことには始まりませんよ**」と言いたいのです。

**光岡**◎ビジネスの生産性を向上させる価値観に坐禅や瞑想が適応していたらおかしいですよね。

**藤田**◉はい、そもそも方向性というかヴィジョンが違っています。もちろん、今の社会に適ったものがそのまま自然にも適っていたらいいんですけど、残念ながら多くの場合そうではないですよね。今は社会と自然の間にあまりにもズレや葛藤がありすぎます。

**光岡**◎人間の心には獣から仏まであるということは、獣の状態も否定できないということです。うまく往き来しないといけない。争うというのは獣の状態です。仏教では、殺生は一番いけないものでありながら、武術はそれがある意味、大前提となります。「ある意味で」と言うのは、殺生を受け入れるという意味です。それを否定しないでいながらも、私たちの内面では自他の殺生を躊躇しもする。そういう私がいることも否定できません。

つまり、相手を殺める寸前まで行きながら、いかに殺さないでおけるか。そこが問われます。「こいつを絶対に殺してしまいたい」と感じているところで、仏教の教えを駆使して殺生を簡単に実行に移せないような自分を鍛えておく。
**藤田**◉どの心にパッとチューニングするかということですか。
**光岡**◎それを稽古と言っていたのかもしれません。
**藤田**◉「なにがなんでもこいつを殺してやる！」の心のままでは武術はできないということですね。
**光岡**◎そうですね。ただ厄介なのは相打ち覚悟の人です。自分は死んでもいいから切ってくる。釈迦の弟子で言えばアングリマーラーみたいな人でしょうか。
**藤田**◉日本でも、凡庸な人が腕の立つ人を相手にした際、生きようとせず死ぬ気でやったら死地を切り抜けたという話がありますよね。
**光岡**◎「死んでもいい」という気持ちで来られると、たとえ素人でも危ない。むしろ下手に技術を持っている人よりもその心境を持っている人の方が面倒です。とはいえ、武術はそういう場合でも、どう対処するかを考えないといけない。いたずらに技を洗練させるだけでなく、そういうリアルな場面でいかに対処するか。だから、それが今の世の中で活用できるところでもあると思います。

ヤケになって「死んでもいい」と言っている人に「本当にそうなの？」と問うていく中で生死を本人が決めるのではなく「天命が定めるまで生きたい」と感じてもらえるのでは

ないか。人は死なない限り生きているわけで、本能としても生きる方に歩みを進めていくものだと思います。生きたいと感じるのは思考ではなくて身体、体と身をもってそう感じることを体験してもらう。その術として武術はあり得るかもしれません。

## 武術が反映する思想とは

**光岡**◎とは言え、武術の一面は相手を殺傷する技術と殺傷技術から身を守る技と術にあります。それをベースに作られた技術体系が相手を殺める目的へと向かっています。互いが死ぬかもしれない術と技量が相手と自分にあるからこそ人間性が問われてくるのです。

技術を身につけられるようになると、「本当にやるのかやらないのか」は自分で決められます。そういう肝心なところが近代以降の武術界では曖昧になり、神事のような相撲と競技であるスポーツと武術がうまく棲み分けられなくなりました。

**藤田**◉今では、「スポーツ空手」という言い方があったりして、スポーツと武術のコンセプトそのものが混乱しているようです。

**光岡**◎何のためにできたかが整理されていないまま、適当に武術とスポーツを混ぜてしまった。やっている本人も何をしてるのか、その意味がわからなくなっています。

アメリカではエクストリーム空手というジャンルがあって、それこそゲーム中の必殺技みたいな技や動きを競い合っています。もはや空手なのかという疑問もありながら、アクロバティックな動きを展開させる新たな空手観を作り出しています。アメリカは歴史や伝統というバックボーンがないから色々試せる強みがあります。と同時に、体系にバックボーンがないという弱みもあります。

武術や神事、スポーツにもそれぞれアイデンティティと役割があります。私は純粋に殺傷の技術と殺傷技術から身を守る術である武術を追求しています。殺生を大前提にすることは仏法の教えとしては認め難いと思います。だからでしょうか。武術家ではありませんが、上杉謙信のような武将には少し共感が湧きます。

**藤田**◉どこに共感を抱くのですか？

**光岡**◎謙信は事情があって武家を継ぎはしました。しかし、本人は若い頃に仏門か武の道か迷ったそうです。幼少期から受けた教育が儒学と仏教で、仏門への信仰が深く武将になるとき五戒《ごかい》（不殺生《ふせっしょう》、不偸盗《ふちゅうとう》、不邪婬《ふじゃいん》、不妄語《ふもうご》、不飲酒《ふおんじゅ》）を守ると誓いました。しかしながら、武将である限り不殺生は守れない。あと酒は好きで止められなかったので不飲酒は守れない。「五戒は守りたいが、この二つだけは勘弁してくれ」といったことを言っています。そういうところが人間らしくていい。志と立場と習慣的にどうしようもないことの**矛盾を**

**矛盾のまま、矛盾として生きて行った姿**には共感します。

武術はきれいごとではなく、相手を殺めるための技術のバックグラウンドがあります。だからこそ体系や流派に対しては、気をつけて扱わないといけません。というのも、人の生き死にを垣間見た人たちがこれらの流儀を作り残して来たからです。

死生観や生命観がまず創始者の体験から始まっています。このように経験の上で後代に残されて来たことに対して他人事としてあれこれ評論できるような態度はとれません。しかも死生をきわどいところで問うてきた経緯が各流派ごとにあります。この問題提起は、人が人であるゆえの問いでもあります。そういう意味では、仏教でも動物を殺して食べるのが是か非か。蚊を殺すのが是か非かという問いはありますよね。

**藤田**◉もし家族が暴漢に襲われたらどうするかとかいうことも問いとしてあり得ます。だから、殺傷の世界と仏教とが関係ないどころか、単なるきれいごとのお話ではなくて、仏教も武術が見ているようなリアルでシビアーな現実に足を下ろさないといけないと思うんです。

**光岡**◎そうですね。独裁者が核兵器を使う寸前として自分の手には拳銃がある。「こいつさえ殺せばみんなが助かる」という状況です。その時引き金を引くかどうか。一照さんならどうしますか？

**藤田**◉うーん……、その時になってみないとわかりませんが。たぶん僕なら引きますね。
**光岡**◎殺生することになりますよ。
**藤田**◉一殺多生《いっさつたしょう》というロジックを暗殺時には使います（笑）。一人を殺して多数を生かす。
**光岡**◎でも、武術家か暗殺者ならまだしも、それを言える人は仏教徒ではありませんよね。
**藤田**◉そうかもしれません。不殺生戒を犯すことになりますから。戦時中はまさに仏教者もそういう論調をとる人が多かったです。
**光岡**◎戦中は曹洞宗も臨済宗も国家主義を讃えていました。臨済宗に至っては「臨済号」という戦闘機を献納しましたから、今から考えると宗教者も相当狂っていましたね。
そうなった背景には、純粋でナイーブな人ほど人間が作った社会の流れを自然に感じて、それにまんまとやられてしまうことがあるのかもしれません。
けれども、ここでいう自然に思える社会の流れは、地球が回り四季が訪れるようなものとは違います。人間は身近なものに流されやすいから、ナイーブでナチュラルな人ほど人為的な社会の成り行きに無自覚にも引っ張られ、流されてしまいます。また、そこに日常の自然な流れを感じてしまいます。
**藤田**◉それで思い出すのは、内山老師の師匠の澤木興道《さわきこうどう》老師はすごい禅僧ではありました。けれども戦中は「念彼観音力《ねんぴかんのんりき》」でなく「念彼軍旗力《ねんぴぐんきりき》」と言っていたそうです。

**光岡**◎甲野善紀先生が言うには、国家に妥協しなかった宗教は大本と大倭紫陽花邑《おおやまとあじさいむら》のふたつだけだそうです。一対一ならまだしも、世の中が国家主義に染められているような、四面楚歌であっても打開策を見つけられるか。それが武術だと思います。競技のように「負けてもまた今度勝てばいい」という考えがないところで発生し、常に一回性を問うています。そういう意味では宗教性もあります。

**藤田**◉まさに宗教的な問題と言っていいと思います。そこで殺傷技術の話についてうかがいます。技術そのものには方向性がありませんよね。というのも、技術はあくまで道具だから「何のために、いつ使うのが妥当なのか」ということは技術そのものの中には含まれていません。それを使う人の哲学というか立場が技術の意味を決めていくのではありませんか？

**光岡**◎技術にはせいぜい「技術論」というようなスパンの短い方向性しかありません。けれども技術には必ず思想があります。思想なき技術は人類史上存在していません。

**藤田**◉技術が思想を反映しているとは、どういう意味ですか？

**光岡**◎技術は作ろうとして作るわけですから、そこに必ず誰かの経験と意図、作為があります。よって、その技や術を使う当人の自覚の有無とは関わりなく、人間の思想が干渉しない技術は発生しえないのです。

**藤田**◉それで言うと武術がより洗練されたのは、「主君の身を守るために」という思想のもとでのことですか？

**光岡**◎忠義忠節は話半分だと思った方がいいでしょう。江戸以前の武士は傭兵みたいなものです。形勢に従ってあっさり寝返りもすれば、実際に合戦となるとお金だけもらって戦場から離脱しました。それだけでなく戦場近くの農村を略奪もした。

つまり武士というのは、現代人の期待するようなモラルの持ち主ではなく、ならず者を含んだ存在でもあったわけです。だからこそ農民が武術を身につける必然性があった。そこでの武術は特別な稽古ではなく日常の延長でしょう。在郷の武術はそういうものです。たとえば自顕流《じげんりゅう》は鍬《くわ》を振るような動きに近い。そんなに洗練されていないし、かっこよくない。どちらかというと野蛮です。都会の道場で習った武士では太刀打ちできない野性味があったからこそ、幕末にあれだけ猛威を奮ったのでしょう。

話を本題に戻すと、武術の技術は原点に「殺める」以外の思想からは生じません。技の目的は競うことになく、ひたすら殺傷を目的に置いていました。武術の思想の原点もそこにあります。

**藤田**◉そこでいう殺しの思想とは、「こういう場合は人を殺してもいい」という大義ですか？

**光岡**◎いいえ、違います。あくまで殺しは殺しです。「お腹が空いたから食べる」と変わりません。本能的に生きるために他を殺して土地や食料を奪ったり、また奪われ食われたりする時に殺生があります。そこに大義の登場する余地はありません。私たちは考えもせず情動と本能で殺すのです。

一照さんも少し考えた末に仏教徒であっても引き金を引くとおっしゃったように、いざとなったら私たちはいともあっさりと相手を殺してしまえる理由を自分に見つけます。

**藤田**◉憎しみや怒りといった一時の感情のままにではなく、思想の延長として冷静に殺す？

**光岡**◎もちろん感情レベルの衝動は本能に由来します。その本能が技術と繋がり、殺傷する技術を省みることを覚えた時、私たちは動物を殺める技術から人間を相手に争い殺し合うための技術を発展させてきました。人間による生け贄の歴史なども思想と儀式がありまます。儀式の時に大切とされるのが、その理由と殺傷方法です。殺傷の道具と行いが思想化し、それが儀礼の理由となります。

こうした殺傷の技術を支えようとする思想が人間の中にはあります。私たちが技術を用いる以上はどれだけ理屈を述べ、理性的に振る舞おうが、あるいは情動的な衝動であろうが、何かを必要以上に殺してしまい、破壊してしまうでしょう。人間はそういう凶暴で暴力的な面を兼ね備えています。だからこそ「殺傷を目指す技術と思想がある」ことを前提に「もう一度、そのことについて考え直しましょう」ということができます。人は人を殺すし、戦争もする。意識して「止めよう、やらないでおこう」としてもいざとなるとやってしまう。もし「こいつさえ殺せば世界が救われる」のなら殺生戒が最上の戒律である僧侶でもやってしまいます。

そこで初めて武術の存在意義がどこにあるかが問われて来ます。それは「事前に、どうしようもなくやってしまえる自分を省みて行きましょう」ということです。人間には仏教のいう貪《とん》・瞋《じん》・癡《ち》の三毒があり、誰しもがこれらの愚かさも兼ね備えた存在なのです。

**藤田**◉自分の愚かさを知るための方便のひとつとして武術があるわけですか。そのような言い方は初めて伺いました。

**光岡**◎その「知る」についてです。現代人の「知る」と昔の人たちの「知る」は、まったく違う側面を持っています。かつての「知る」は頭での理解だけではありませんでした。

武術の技と術は殺傷を前提としています。そこには危険な技と術しかありませんから、稽古を通じて直感的に「ここより先は危ない」「これ以上すると死ぬ、やられる」と、迂闊にやってしまってはいけない危なさを否応なく感じます。このような稽古には古人の「知る」を理解するためのヒントがあります。

稽古をしていると、いざとなったら相手の一族郎党まとめてジェノサイドしてしまいかねない自分の姿が見えてくることもあります。前世のことなども関係しているかもしれません。とにかく一歩間違えたらやりかねない危うさと背中合せで、でもどこかで人間としてブレーキをかける必要も感じており、できるけどやらないでおきたいと身体の奥底で感じている自分もいます。そこには古の武術観があると思います。

しかし、近代武道になると殺傷性を取り除き、比較的安全な技を中心に競技化し、くり返しが利くようにしました。むしろ、そこに致死的な技や一回性の死生観があると競技として成り立ちません。くり返しの中で「次にがんばればいい」と誰もが感じられるファクターを重視した競技として確立しなければ、武術として存続できない社会になったとも言えます。

人を殺めた先人たちの技術体系や思想があるからこそ、武術にはスポーツにはないヤバさがあります。それを型稽古でしか経験できない世界があります。だから「やってしまった時に何が起きるか」が少し前兆のように事前にわかるようになるのです。

**藤田**◉聞いた話では戦時中、軍部は捕虜を使って「人のどこをどう叩くと死ぬか」といったことを研究していたそうです。酷い話ですけど。

**光岡**◎レベルの低い話です。武術の世界では、そういうことは長い歴史における経験値で検証済みです。古今を問わず合戦の現場でそれを大前提にしないと使い物になりません。相手が静止していてサンドバッグみたいな状態で突いて効くのと相手も存分に動いてやる気満々でこっちもそうで、それでも有効かをその場で実証してみせないといけないからです。

**藤田**◉そういうギリギリの状況の中で洗練されていったのが武術の体系なのですね。そこで培われていった思想と技術を、そんな状況を想像すらできない現代のわれわれがどう受け取って行けるのでしょう。

**光岡**◎武術の稽古を通じてわかるのは、**戦争の原理は人間の体の中にある**こと。そして人間以外には人間同士の戦争を起こせない。それらが理屈でなく実感としてわかって来ます。私たちに内蔵されている戦いや争いの原理が具現化していく。それが戦争です。

**藤田**◉一方では、戦争が起きない制度を作ったり、戦争を避けるための教育をすることで、戦争をなくせるという考え方がありますよね。

**光岡**◎完全管理社会を作り上げ、あらかじめ戦争を未然に防ぐような完璧な手立てを用意したとします。果たして、それで人間の本能が消えるのでしょうか。理性で「なくせる」と考えていても、窮地に陥ると人は衝動で引き金を引くのです。

**藤田**◉大昔の話ではなく、今でも時としてマイノリティの人が暴漢に襲われてリンチされたりすることが起きているわけです。しかも、それが動画でアップされたりもする。市民社会と言われている秩序ある世の中に暮らしているはずの人であっても、そういうことをするわけです。われわれの中に潜む人を殺める衝動は根深いところに巣食っているようです。

**光岡**◎KKKやナチス、ファシズムの信奉者がなぜ激しい差別をするのかと言えば、慣習と本能的情動に自分の行動を正当化するための理性を加えるからです。なんであれ自分の行いを正当化してしまう方法を人間は見つけてしまえるのです。無自覚のうちにそうなってしまうから危ない。

武術の目的はひたすら致死殺傷することにあると聞くと、不愉快に感じる人もいるかもしれません。けれども衝動に引きずられそうになる自分に対して、「この先は危ない」という感覚や違和感が持てるのは、実際にやってしまうことに比べればまだいい方です。

**藤田**◉理性で衝動を押しとどめるというのでは本当の歯止めにはならない。そういう意味では、もし武術がなかったら衝動に対してただ無力になるだけかもしれないです。制度やシステムに頼るだけの方がむしろ危険かもしれません。

**光岡**◎かと言って武術は平和を目指しているわけではないのですよ。むしろ人間のどうしようもなさを知るための方便だと思います。「人間には知恵があるのだから意識的に戦争を止められる方法があるはずだ。それさえ実行できたら平和がもたらされる」。こういう発想は「先人と違って、われわれには理性的な振る舞いが可能だから、きっと過去の誤りを克服できる」と思えるからこそです。その根底には「現代人は原始人よりずっと偉いはずだ」という思い上がりもあると思います。

それよりも単純に「これ以上やったら危ない」と個々で感じられる方が、よほどましです。私がフィリピンの首狩り族やアマゾンのヤノマミ、ピダハン、イゾラドに関心を持つのは、概念的な理想から考えるのではなく、彼らが「これ以上はやらない」ということを体で知っているからです。そこに太古の名残を見るのです。

**藤田**◉不殺生を戒の最初に置く仏教から言えば、殺生を前提とする武術はありえません。だから、人間はそうならないように戒と律で自誓自戒しておかないといけない。戒の基本はいかなる形においても自他を傷つけないことに努めるということです。やはり本能のままに殺し合うことを肯定したら、いつ寝首を搔かれるかもしれないことに怯えてしまって、生きていく上で安心できないからです。坐禅なんかしていられなくなります。あれはガードというか、バリヤーを完全にはずすという営みですから(笑)。

**光岡**◎道徳で「殺生はいけない」と諭しても、内面の抑えが効かないのは歴史が証明しています。

**藤田**◉戒を基にして、定（瞑想）と慧（智慧）を育てていくという三学が仏教修行のシステムですから、戒だけでなんとかなるというわけではありません。剣《けん》禅《ぜん》一《いち》如《によ》や活《かつ》人《じん》剣《けん》というのは、衝動に対するある種の思想的抑制ではないのですか？

**光岡**◎剣禅一如は山《やま》岡《おか》鉄《てっ》舟《しゅう》の言い出した武術界におけるＰＲ方法だったと思います。鉄舟自身に実力はあったにせよ、剣と禅は前提が異なります。

**藤田**◉活人剣については殺人刀と対照的に、単なる人殺しではない剣の精神の高さを表すという内容として語られることが多いという印象があります。

**光岡**◎新陰流の剣を説明する上での言葉ですね。柳生は権力者の徳川に付いたから、剣の教えに政治的な要素は含まれていたと思います。そうはいっても柳生但馬守や石舟斎なら人を切ったことがあるから、あくまで経験を踏まえての思想です。ことさら活人剣について言及するようになった後世の人は、完全に経験のない思想として言っているにすぎません。経験のある思想とそこから切り離された思想とで、同じことを言ってもまったく違います。そうなると、東南アジアの首狩り族が斬った相手の首を一生大切にする行為の方が説得力があります。

## 死の不安はどこからくるのか

**藤田**◉思想としての活人剣が謳《うた》われるようになった江戸の治世では、現代と同様にとにかく秩序の安定した社会を目指したわけです。けれども、どれだけ不安定な要素を制度から排除したとしても、人の心から不安は取り除けません。誰かに心ないことを言われる。妬まれる。病気になる。それにどれだけ社会制度が完備されても**死の不安**は最後まで残ります。

**光岡**◎かつてと今とでは、死生観はまったく別物に変わったと思います。身体性と身体観が変われば、当然ながら死生観も変化します。そこが結構大きいのではないでしょうか。そういうことを思うようになったのは、一〇年ほど前にチベットへ行ったことも影響しています。チベットの平均寿命は五、六〇代と短命です。

**藤田**◉相当に過酷な環境ですからね。

**光岡**◎たしかに環境は厳しいです。外部からは「過酷だから長生きできずに死ぬ」ように見えるけれど、思うに、チベット人は生きていることに飽きるのではないでしょうか。

**藤田**◉生に飽きるから、結果的に寿命が短くなる？　それは新説ですね。

**光岡**◎想像してみてください。毎日、五体投地して農業をしてバターミルク茶を飲んで淡々と日々を過ごす。親もそうだったし、自分も生まれた時からずっとそうしている。「なんかこの先も変わったことなさそうだし、もう六〇くらいでいいかな」と思いません？

**藤田**◉そう言われると、たしかに飽きてしまうかもしれません。生きるのももうそろそろいいかなって。

**光岡**◎それにもともと死生観に輪廻があるから、適当なところで死んでさっさとリニューアルして、またピカピカの体で生まれ変わった方がいいと思っても不思議ではありませんよね。

**藤田**◉とりあえず今生は味わいつくしたから、未練はない。そろそろ次へ行くかという感じですか。

**光岡**◎そうなんじゃないかと思います。先ほども触れたピダハンやヤノマミも私たちと死生観がまったく違うし、チベット人はどちらかというと、そちら寄りの少し文明化した人たちだと感じます。共通しているのは、長寿にあまり興味がないことです。長いほうがいい。多いほうがいいというのは先進国の人間の考えでしょう。

**藤田**◉そうだとすると、きっと自我観も違うでしょうね。私たちは健康で若くて長生きする理想の自我というものを維持したいから、病気も老いも死も可能なかぎり避けたい。でも、そういうことにしがみつけばつくほど失う不安は大きくなるんですけどね。そうすると、不安からますます生にしがみつくという悪循環にはまりこんでしまう。

現代から見ると、かつての社会は当たり前のように飢饉もあれば疫病もあるし、しばしば起こる動乱や戦争で社会は安定していない。当時の人はノイローゼになったり鬱になったりしないで、よく生きていけたなと思います。今から見れば、めちゃくちゃストレスが多そうです。今は食料だってふんだんにあるし、医学が進んで病気にもそれなりに対処できる。平均寿命だって今の方がはるかに長いから、われわれの社会の方がずっと豊かなんだという言い方もできます。では、その豊かであるとはどういうことなのか？　という問いに現代人は答えられません。

**光岡**◎私は全身にチューブを入れたり、臓器を移植して生きるよりは「十分に生きたからもういいかな」と思える方が幸せだと思います。

**藤田**◉脳の入れ替えも犬の段階では成功していて、二〇七〇年には人間にも可能だと言われています。

**光岡**◎そのうちクローン問題も出てきますよね。臓器を摘出するためにクローン人間を作ったとしたら、その人のアイデンティティはどうなるのか。そうなってしまえば、混乱するのは目に見えている。それをあらかじめ考えるための頭だったはずなのに起きた後で、なんとか取り繕うとする。

**藤田**◉そう思うと、武術のいいところは頭脳だけで突っ走らないところにありますね。もっと根本的なところを見ている。

**光岡**◎そうです。何も単純に現代、近代よりも古い時代の方がいいという話をしているのではないのです。

**藤田**◉近代の特徴は、**行を通して世界や自分を知る術《すべ》を失ってしまった**ことです。行のような個人的で、人に伝えられないような主観的な体験ではなく、学校で教えられるような普遍的で客観的な知を身につけなくてはいけない。それが普通だと考えるようになっています。

　だから学校では客観的な記述に基づく標準的なテキストに沿った教育が行われ、その結果として身につくのは知識という決まった「形」であり結論です。行はそれとは違って、必ず身体の行いを通します。行というのは過程が重要なのです。

**光岡**◎ややこしいのは近代的な行や行いもあるということです。それと先人から伝わる行と行いを分けておかないといけません。今の社会で生きていくために最適な選択をする。そのために勉強して、資格を取るといった、ある種の行もあるからです。

　昔の人の言う行や行いと今の私たちのそれとでは、そもそもが違います。どちらもあるのを認め、両者の違いを明確にした上でどちらの方向が人間にとって自分らしさにたどりりません。

着くかを考えてみます。昔の人のやっていた方が自分らしさに近づける。これは間違いあ

**藤田**◉僕は近代的な行、行いをエクササイズ、トレーニングと呼んで区別しています。それらはどう見ても身体と心をふたつに分けて想定しています。

しかも、行や行いを通じて何かを身につけることと自分を知ることも一つになっていません。以前と同じ自分のままでいながら、ポケットに入れるようにスキルや知識を手に入れているだけ。ある意味では自分が置いてけぼりになっています。

たとえば、トレーニングジムに行って、ランニングマシーンで走りながら音楽を聴いたり、モニターでフットボールを見ている人がけっこういます。なぜそれが可能かと言うと、体が汗をかいて、筋肉が動いていたらそれでトレーニングになっていると思っているからです。体とは別の意識主体としての自分は、それとは別に音楽を聴くなり、映画を見るなりして、楽しんでいたらいいじゃないか。効果に変わりはないのだから。こういうことは武術ではありえないですよね。

**光岡**◎武術においてトレーニングのような発想をした人は淘汰されています。体系として残れません。トレーニングはいかに余計なことを消化するかに余念がありませんが、武術は余計なことをしたらやられます。

**藤田**◉そういう身心二元的なトレーニング観に慣れた人が坐禅をすると困惑します。「坐ってください」と言うと「私は坐って何をしたらいいんですか」と聞いてきます。「だから坐るんですよ」。「それは知っています。体で坐りながら、心は何をするんですか？」というわけです。坐っているだけでは、私という存在が手持ち無沙汰に感じてしまう。坐っている体に親しむことを恐れる。体を内観するという経験がほとんどないようです。

**光岡**◎そこにはまた別の問題があります。現代人には内観は神秘化されやすく、特殊なものとして捉えられるということです。また東洋人にしか理解できないというのも特殊化ですね。西洋人が東洋の内観や身体観を体感できないかというと、そうではありません。ただ、違う内観や価値観、身体観を持っているということです。

たとえば、相手と組むとき、レスリングだと相手を持ち上げます。相撲だと押し出される可能性があるから腰をおろして組みます。どちらの技術が有効だとかではなく、東洋と西洋でまったく違う身体性があるということなのです。

また同じ東洋といっても中国だと偉い人が死んだ時には膝をつきますが、それ以外では地面につけるのを嫌います。西洋人は膝を地面につける姿勢がそもそも取りにくい。彼らはどこに価値を置くかというと肩甲骨や肩、首です。そのためレスリングでは相手の肩甲骨を地面につけることが勝負の境目になります。

ただし、これは武術ではなく競技の中で発生したことです。武術だと相手を倒すにしても、刃物を持っているのが前提なのでレスリングのようには組めません。

そういえば、一度フェンシングをやっている人が稽古に来たのです。腰を低くすれば剣の自由度が高くなるからやればいいのにと思ったけれど、誰もそういうことはしない。フェンシングはやはり肩甲骨と胸と肩のあたりの技術だから、地に近い姿勢で剣を使う発想にはならない。

どちらがいいか悪いかではなく、身体性という文化を生んだ背景が違うのです。人間の体は物理的に同じという見方をする限りギャップを簡単に超えてしまえるように思い、そのため違いを分けておくことができなくなります。だから西洋医学の流れにある現代医学では、人間の体はひとつしかないことになっています。とても乱暴な捉え方だと思います。

**藤田**◉意識によって対象化したとき、見えてくるのは意識的な体しかない。体といったらそれしか思いつかないんですね。

**光岡**◎そうです。この意識についても混同があります。意識という語は元は仏教用語ですよね。

**藤田**◉はい。眼耳鼻舌身意の六つの感覚機能のうちの意で判別する働きのことです。

**光岡**◎意識が目・耳・鼻・舌・身の五識を統括しているのですか?

**藤田**◉いいえ、六つは平等です。それぞれが独立しています。六識にはそれぞれ「根《こん》」感覚機能」があって、「境《きょう》」と触れると「識《しき》」が生じます。「境」とは対象のことです。境と識の関係は、現代風にいうと対象と感覚と言うことができます。眼根には色《しき》（形の意）という対象があり、この二つが触れ合うと眼識が生じます。何かが見えていると知るわけです。

**光岡**◎でも、字の本来の意味から考えるとどうでしょうか。境とは「ここまでの何かを終える区切りの狭間」「ここから先の向こうが何かわからない狭間」と言った意味です。何かと何かの間に挟まれている狭間が境なので厳密には対象とは異なるかと思います。

**藤田**◉「境」にそういう意味があるというのは知りませんでした。確かに、仏教の「境」を「対象」と言ってしまうと、主体と対象という二元論の枠組みの話になってしまいますから、厳密に言えば語弊がありますね。それへの答えになるかどうかわかりませんが、耳なら耳根と耳境があります。これらがコンタクトすると識が立ち上がる。眼根と眼境が出会うと眼識が立ち上がる。意ならば意根と意境があって意識が立ち上がる。意識は思考の類です。思考がどこからかやって来て、それを意根がキャッチすると意識が起こる。

　識はいつでもあるのではなく、根と境が接触した時だけ一時的に立ち上がります。意識もずっとあるのではなく、条件がある時だけ立ち上がってくる。「向こうが何かわからない」

けれど、何かがあるから根に触れて、何かとして識に立ち上がってくる。

この説明で言うと、自我は刹那（極々わずかな瞬間）ごとに現れては、消えていることになります。ずっと「私」という確固としたものがのべつまくなしに存在するのではない。とはいえ、後になって刹那に消滅し生起する心だけではなく「ずっと存在する心もあるのではないか？」という考えが生まれ、七識や八識といった考えが出て来ます。これは多分に論理的な要請で出てきたものだと思います。

ともかく仏教で言う意識は、西洋の心理学でいうコンシャスネスとは違うのです。

**光岡**◎現代での「意識」の意味はコンシャスネスの意味合いが強いですが、さらにフランス語と英語では「意識＝Consciousness, Conscious」の意味合いが違います。フランス語だと英語「have＝持つ」に値する言葉が必要で、客観性が強いです。これはドイツ語も同様のようです。フランス語、ドイツ語では英語のような「私は意識できてる、している＝I'm conscious 〜」でなく、「意識を持っている」という言い方をします。また、英語では be が使われ、be conscious of 〜、not conscious about 〜のように「意識する、意識できてない」と言う表現になります。

**藤田**◉フランス語は所有で英語は存在としてとらえている。様相がずいぶん違いますね。

**光岡**◎ラテン語由来のコンシャスネスはサイエンスと同じ語源を持ち、「共に知る」という意味があります。フランスやドイツでは客観性の強い哲学が発生し、イギリスからは経験に基づいた主観性の強い哲学が生まれました。これは文法構造や身体観、思考、心理と関係しているのだと思います。

**藤田◉**仏教は基本的に経験から出発しています。あくまでも経験から離れない。でも、たいていの宗教は経験からではなく、神からの啓示であるとか形而上学から出発しています。仏教を生んだ土壌にあったバラモン教にも形而上学の要素がありました。でもブッダには形而上学的なことよりも**「今起きている自分の経験から一歩も離れないようにしよう」**というスタンスがありました。静かな心で今起きていることを見つめてみたら、何が見えてくるか。それはある意味で科学だと思います。

ブッダは「来世はあるか」とか「宇宙はいつ始まったか」という形而上学的な質問に対しては答えなかった。それは、なぜかというところでよく引き合いに出されるのが毒矢の喩えです。あるところで毒矢を射られて倒れていた人がいた。助けようとして、刺さった矢を抜こうとすると、その人は「誰が射ったのか。毒の材料は何か」といった細かいことがわかるまでは抜かせないと言い張る。そんな悠長なことをしていたら、射られた人は死にますよね。だから、まずやることは毒矢を抜くことであって、毒矢に関する情報を得ることではない。そういう喩え話です。すごく現実的で、実際的です。

形而上学的な質問というのは、経験に訴えられないことに関する質問だから、そんなことに時間を使っていたら今の人生が台無しになる。苦しみという経験があるのなら、その原因は何かを見つけてそれを除くことが先決ではないのか。それがブッダのアプローチでした。非常に現実的というか、武術的ではないですか。

**光岡**◎四苦八苦が事実としてあるわけですから、そこをおろそかにして考えたところで仕方ありません。

**藤田**◉その問題から人間は離れられません。まして神に与えられた罰だとか過去世のせいだとか言い出すと余計にわからなくなる。貧乏であるがゆえに自分が苦しんでいると思っていたら、実は苦の原因はそこにはなかった。貧乏を苦にする自分の心のからくりに原因があることがわかれば、それを変えればいい。それがブッダの教えの根本にあったと思います。

宗教というのは、とかく生きている間に見舞われる訳のわからない理不尽なことについてのお決まりの回答集みたいになりがちです。それを鵜呑みにして自分を納得させる、自分を慰める。もともとの仏教はそうではなかったはずですが、歴史の中でそういうものになっていったということはあります。

**光岡**◎伝統が長くなり教えが蓄積するとそうなります。

**藤田**◉この世の中にはわからないことはいっぱいあります。そこで権威を持った人がそれに対する答えを与え、そこに安心を見出す人が増えれば、教えはあっという間に宗教になります。ブッダはそういうことに関心がありません。むしろ、そういうことに批判的だった。

**光岡**◎だからこそ、ここまで広がったと言えますね。

**藤田**◉知らないことは知らないと言う。むしろ単に答えを知ることよりも大事なことがある。みんなが知っていると思い込んでいることが苦しみをもたらしているのだから、知っていることを吟味していく。さらには、知ることを支えている枠組み自体も徹底的に吟味していく。それが仏教のユニークさです。

**光岡**◎経験を大切にするのはいいけれど、後を継いだ人が経験主義者になると失敗しますよね。流祖の経験はなんとなく自然に発生した可能性が高いはず。でも、経験主義者は形骸化した型にこだわります。そうなると「この型を知らないの?」「まだ経験していないの?」ということを言いがちになります。そうではなく、個人が経験をいかに積むか。そこから観ていく。ひとりひとりの経験に自らの焦点を持っていかせようとする。それがブッダの教えの優れたところだと思います。

**藤田**◉**経験の詳細な分析が仏教の特徴**です。経験を超えたものを信じるとか、そういうものを想定して救済を願うというのは、特に初期の教えにはありません。後世の展開で、そういう風に見えるものもあるけれど、根本は経験の分析にあると思います。

## 分けることから「教育」を考える

**光岡**◎経験の分析についての話で思ったのですが、武術の流派は殺し合いで生き残った側の経験で成り立っています。武術で後れをとって殺められた人のことを考えてみると、殺され方が重要になってくるのかなと思います。それを他者として捉えると生き残った者の経験に寄与しているのかもしれません。

生涯かけて剣の技を磨いてきた。しかし、立ち合った相手に首をはねられた。その瞬間、自分ならどうかと考えたら、私がこれだけがんばってもそれ以上の技を最後で見られたのだから「負けるのがこいつでよかった。これで悔いはない」と思えるかもしれません。と同時に「十代先まで呪ってやろう」という自分もいます。できれば、「こいつの技量にやられるなら仕方ない」と納得したいのですが。

**藤田**◉技の精緻さにとことん興味があるのですか？

**光岡**◎技だけではありません。そもそも技と体と心は分けられないんですよ。別々に扱うのは難しい。けれども自分の中を観ていって、それぞれを別物として分析して観察することはできますし、そうでないと他人に伝えられませんから。自分ができてそれで万事オッケーなら分析は必要ありません。

しかし、教える立場になって他者に伝える時、自他をどう生かすかが問われてきます。自分の技量を落として相手の技量を上げるのはおかしいいし、相手の技量を抑えて自分だけを上げるのもおかしい。自他の技量を伸ばすためにどうするか。内省して観ていくしかないわけです。

その時には、技と体と心を分けておかないといけないのは、「全部一緒だ」と言えば、経験していない人にとってはただのごちゃ混ぜの概念にしかならないからです。

**藤田**◉教育の必要上から分けているだけで、実際はひとつなのですね。

**光岡**◎三つがひとつです。以心伝心で説明できるならいいけれど、相手がそれで伝わるレベルに到達しない限り、以心伝心にはならないわけです。それに習いに来る人は以心伝心が成立しないから習いに来ている可能性の方が高い。

見ていたら伝わるというのは、一〇年住み込みをするような職人の世界なら、何年も共に過ごせばあり得ます。けれども、それを初心者に要求するのは無理です。内面的な感覚経験の構造を分析して説明する作業が必要です。

**藤田**◉伝統的にはなかった教え方ですよね。

**光岡**◎そうですね。昔は他に情報もなく、内弟子のような住み込みで教えていたでしょうから。

**藤田**◉別にたくさんの人に教えなくても、自分が死ぬまでに少なくとも技を継承できた一人が残ったらそれでいいという考えもあったでしょう。

**光岡**◎もしくはコミュニティ全体で育てるという考えです。たとえば岡山で発祥した竹内流だとか、中国河北省の形意拳なら地域の村々で伝承されています。

**藤田**◉そう思うと、伝統武術と伝統芸能は今に残っていても、伝統的なコミュニケーション法というか伝授の方法だけはすっかり抜けています。

**光岡**◎そこを工夫しないといけません。坐禅嫌いのお坊さんがいたり、しゃがめない人が武術を稽古するとか、前代未聞の状況にあるのですから。

# 第4章

# 生気論と機械論

私たちは気になり、気が向いたから生まれてきた

**光岡**◎普段の暮らしの中で、私たちは決められた時間通りに物事を行い、それを当たり前だと考えています。また、先々のことに思いを巡らし、あれこれ考えなくてはならないことで頭の中が忙しい。毎日「しなければいけない」ことに追われています。

いわば社会性の身体を生きることを当然として受け取るようになっています。それはシステムに従って生きているということではあっても、「生きている感じ」が得られる過ごし方なのか？　と言えば大いに疑問です。「生きている」と感じるのは頭ではなくて体です。何を体で感じるかと言えば、細胞よりももっと前のその生命を成り立たせる「何か」です。

**藤田**◉細胞以前の何かを武術の稽古で感得することはありますか？

**光岡**◎そればかりです。古の時代なら武術に限らず誰もが生気論《せいきろん》に基づいて自分を省みたり、行動を起こしていましたから。

**藤田**◉生気論と言うと、バイタリズムのことですか？　生命現象を説明にするのに、物理化学的法則以外の生物独自の因子の存在を考える立場のことです。

**光岡**◎あくまで生気論です。バイタリズムとして捉えると理解がずれます。生気論とは、近代以降の解剖学などによる機械論的な身体の捉え方とは異なり、「〝気〟で人が生きてい

る」とする考え方です。

この考え方は古人の実践経験からのみ生じたので、それに対して各時代を生きている人が理解を試み、付き従っていく必要がありました。

二〇〇〇年前に記された中医学の書『黄帝内経《こうていだいけい》』では、**「人間は気によって生きている」**と定義されています。気とは、風や霞のようなものです。風は吹いたと思ったらそこにはないことを指し、霞はあるようで実態がなく摑み所のなさを表します。実際に摑めないし、それが実態として何かはわからない。ただ確実なのは、そのわからなさが生きていることの要因になっている、と言うことです。

生気の「生」には**「生まれ来ること・生きること・生きて行くこと」**の三つの様相があります。動物は「生まれ来ること・生きること」はできます。「生きて行く」という「行為」は人間だけが行っています。生気論では、これらの要素がすべて気から成り立っているという考えをしています。

生が気で成り立っている。これを普通に感じていた時代がかつてはありました。今でもその名残はあります。たとえば、「気が向く」や「気がかり」「気になる」などといった言い方を普段の日常で今もします。

**藤田**◉日常的な言葉の使い方とは別に、時々ブームとして「気」が取り上げられることが周期的にありますね。

**光岡**◎「気のパワー」で言うところの気は、普段の生活で用いている「気が向く」「気になる」とは違います。近代から現代へと向かう中で私たちはメディアなどを通じ、気を二極化して捉えるようになりました。

ひとつは「気とは物理現象で科学的に解明できる何かである」といった、気や生気に対する物質還元主義的な思考です。もうひとつは「気は神秘現象であって、科学でさえも解明できない特殊な現象である」といった、気を特殊化、神秘化して扱う考え方です。

**藤田**◉どちらにしても気というものを物理的に考えて、向こう側に置いているところでは一致しています。客観化された気と言ってもいい。

**光岡**◎そうなんですよ。東洋においては、昔から長らく気によって生命を捉えていました。その身体観が近代に入って崩壊したのは、西洋文明を取り入れ機械論的な身体の捉え方を共有し始めたためです。これまでにも説明したように、西洋文明においては、体はコントロールされるものだという考えが根底にあります。

この身体観や身体性は、西洋においては筋金入りです。キリスト教の身体性は「人間は土塊である」ところから始まり、やがてパウロは「体は家畜である」と定義しました。家畜に崇高なる魂が宿っているのです。

思うに任せない家畜である体をうまくコントロールして乗りこなさなくてはいけない。やがて近代になると家畜のコンセプトがデカルトおよびデカルト主義者によって変わりました。彼らは「体とは機械である」と考えました。客観的事実により捉えられる身体は、個々が経験的に獲得してきた身体よりリアルであるというものです。機械論的な身体観の誕生です。

**藤田**◉価値観がまるで違うから機械論と生気論が出会えば食い違いが生じます。

**光岡**◎生命の根本を突き詰めていった時の「**なぜ生まれてきたのか**」という問いに対して、人間がコントロールできる家畜や機械としての身体性を規範に「生まれ来た理由」を捉えられるでしょうか。

極論すると、自分がこの世に生まれて来たのは「気が向いたから、気になったから生まれてきた」ということに尽きるのではないかと思っています。

**藤田**◉翻っていうと、生気論からは近代化、ひいては産業社会は生まれなかったと言えます。近代化と言われているものを支えている身体性は、機械論的な身体観でなければならなかった。この二つはかっちりセットになっているわけです。

**光岡**◎機械論の身体性が人間に内蔵されたから、それを外の世界に具現化していくことができました。そこから急激に機械文明が発達していく一方、機械論的身体観が内蔵されたために、人は自分の身体を機械のように扱うようになりました。

たとえば外科技術について見れば、中世は散髪屋と骨接《ほねつぎ》を兼ねるという、かなり雑なもので、大工道具としてのノコギリや刃物で皮膚や肉骨を切るような大雑把なことをしていました。近代に入って機械論的身体観が広まるにつれ、身体を切ったり貼ったりすることをよりいっそう当然とみなすようになります。今もその延長にあって、相変わらずドリルで穴をあけ、ボルトやネジで身体を止めるようなことをしています。

それまでの家畜論的身体性の方がまだマシだったかもしれません。というのも、家畜は動物で生き物だからケアが必要で、餌を与えたり面倒をみたり、撫でてあげたりと気遣いがないといけません。

**藤田**◉それが家畜ではすまなくなり、さらに進んで機械になった。機械であれば燃料を入れたらいいいし、調子の悪い部品は交換すればいい。

**光岡**◎量産された機械に固有性はないし、パーツとして取り替え可能です。たとえば、ヨーロッパでナチスによるファシズムが勃興したことには必然性があり、おそらくその背景には機械論的な身体観による完成された完璧な人間像が理想としてあったと思います。

ナチスがやろうとしたことは、**徹底して身体性を個人から奪う**ことでした。強制収容所では名前を奪い、番号を与え、話すことを禁じました。個々の身体観や感性、個性を奪うことがファシズムの思想の根底にあります。皆が規律正しく整列し、一糸乱れず行進することに価値を置けたのは、まさに規則正しく動く機械として働くための身体観が皆に共有されていたからです。プロパガンダによって国民は完全に洗脳されていました。

そのナチス的な思想は私たち現代人も多いに今の社会の中で受け継いでいます。その規律正しく整列し、番号や記号で人を管理し、個性を嫌う社会制度や教育制度を普通と感じる感性を私たち先進国の皆が共有しています。現代社会の規範や構造も口先では「個性を大切に」と言ってはいます。しかしながら、個々の身体観や感性、個性などを奪うべく「皆と同じように」「皆で言われた通りにやりましょう」と誰にとっての公平かわからないところを目指そうとしています。

オウム真理教など七〇年代～九〇年代前半までに流行った新興宗教の多くはさらにその先を行っており、信者にヨーガや独自の苦行などをさせていました。機械化した身体の信者たちに教祖が苦行をさせ、身体感覚を与えました。個性や身体、感性を奪われアイデンティティクライシスを起こしているところに身体を通じて実感できる経験と真理っぽい言葉を与えられたら「この人は神だ。私を救ってくれる」と感じるでしょう。今まで実感したことのなかった身体観、身体感覚を与えられた時の歓喜はすごかったでしょう。だからオウム真理教から離れられなかった人も多数いたと思います。

**藤田**◉なるほど。光岡さんは身体性からオウム真理教事件を見ておられるんですか。確かに当たっていると思います。そこでは、どういう身体感覚を与えられたんでしょう?

**光岡**◎もともと多くの人が注目している身体は、観念的に捉えられる実感の〝ある〟身体の方だけです。そうすると観念的に捉えられない身体は〝ない〟ことになります。つまり身体にどんな行を経験させても身体感覚を与えることができます。そうすると痛みでも快感になります。または薬物などの刺激から得られる実感でもいい訳です。

**藤田**◉だから、苦行っぽい修行が彼らにはアピールしたんですね。何らかの仕方で少なくとも身体をばっちり体感できるから。

**光岡**◎そうです。しかし、自発的に身体感覚を発見したわけではなく、あくまで教祖によって「与えられた身体感覚」という思い込みが効いた状態です。要は身体の感覚経験を通じての洗脳です。

**藤田**◉まだ麻原彰晃が逮捕される前の話です。麻原の弟子だという大学生から「ぜひ尊師に会ってくれませんか」と誘われ、世田谷の道場へ行ったことがあります。彼と訪れた時には、麻原はあいにく富士のサティアンに行っており留守でした。代わりに応対したのが新実智光でした。オウムの裁判で死刑判決を受けた人物です。

二階の道場に入ってみると汚い畳が敷いてあり、そこで若いジャージ姿の女性が竹刀で自分の体を激しく叩いていました。びっくりして「何をしているんですか？」と新実に聞いたら、「カルマを叩き落としている」という。「そんなことでカルマが落ちるんですか？」といったら「はい、落ちます」と即答しました。

**光岡**◎問題は観念的でありはしても、それも身体感覚の獲得なんですよ。

**藤田**◉今から思うと、あれはリストカットと変わらないですよね。道場にいた彼女の場合、オウム真理教に出会わなかったら自傷行為に走っていたんだろうなと思いました。

**光岡**◎カルマを落としたものが身体かというと、叩いて言うことを聞かせようとしているわけですから、それではせいぜい「家畜としての身体」に戻っただけでしょう。それでは催眠状態Aから B に移行しただけで、催眠から目を覚ましたことにはなりません。

**藤田**◉アメリカには、リストカットをしてしまう人を援助する特別なプログラムがあって、その中には瞑想が繰り込まれています。それを教えている人がアメリカの僕の禅堂に来たことがありました。一度頼まれて、彼のクリニックに坐禅と経行の指導に行きました。聞くと、特にストレスを抱えた女子大生にリストカットと摂食障害が多いのだそうです。家族関係によって抱えた葛藤と激しい競争社会が重なると、男と競争するだけでなく女同士でも争わないといけない。まして自分の女性性と折り合いもつかない。期待される自己像とのギャップを埋めるべく、すべてを犠牲にして戦っているから生きた身体は悲鳴を上げています。ガリガリにやせ細っているのに「まだ太っている」と思い込むくらい自己認識が歪んでしまう。

**光岡**◎概念上の身体はバーチャルにリアルなので、いくら実際に痩せていても頭は自分の抱いているイメージの方にリアリティを感じてしまいます。

**藤田**◉心と体がそこまで乖離している苦しさが自傷や摂食障害として現れるのだろうと思いました。物質的にはそれなりに豊かに見える社会です。けれども内面には底知れない空虚さや葛藤を抱えて呻吟している体があります。

つい先日に聞いた話なのですが、米国のエリート大学生の多くが「ダックシンドローム（アヒル症候群）」に陥っていると言うんです。彼らが表に見せているクールな顔と心の中とはまったく違っていて、常に精神的な重圧と戦ってギリギリの状態になっている。それを水上を優雅に泳ぐように見えるアヒルも水面下では溺れないように必死に足を動かしているのに喩えています。

実際のアヒルに失礼だと思うのですが（笑）、僕もアメリカの有名大学で長年坐禅会をやっていたので、そういう実態はよくわかります。日本でも事情は同じだと思います。

**光岡**◎今の時代においては、心と体が乖離し過ぎていることが問題として如実に現れます。けれども、そういうことでさえ問題として感じられなくなり、そのうち乖離している現象すら実感としてわからなくなるのではないかと思います。身体性がどんどん希薄になればなるほど「心と体は個別に存在しながら繋がっている」という前提すら見失われる可能性があります。

**藤田**◉そうかもしれません。その問題をなんとかしようとする文化の枠組み自体が身心二元論や機械論なのだから、せいぜいのところ対症療法にはなっても抜本的な解決にはなりません。問題を生み出しているパラダイムそのものは変わらないのだから、そういうアプローチ自体が問題の一部になっていて、解決の一部にはならないのです。

アメリカで驚いたのは、機械論の身体観が本当に隅々まで行き渡っていることでした。例をあげると、トレーニングジムには特定の筋肉ごとに鍛える多種類のマシーンがずらりと並べられています。それらすべてを使えば全身の筋肉を鍛えたことになるというのです。要素を足すと全体になるという考え方です。彼らは「その発想はおかしいんじゃないか」という疑問を抱くことはないようで、当然のこととして受け入れています。「こんなことやっていてもきりがない。バラバラに鍛えた筋肉なんて、いざという時にうまく働くわけがない」と思ってしまうんですけれど。

さらに、トレーニングを終えたら科学的に配合されたビタミン剤や栄養剤を摂ります。別に美味しく食べるということは問題ではない。体に効けばいいわけです。まったく体を機械として扱っています。機械論の行き着く先はこれなんだなと実感できる光景でした。
**光岡**◎アメリカのことを笑えないのは日本も同じで、**どこの誰が決めたかもわからない基準や標準をもとに日々を生きている**からです。カロリーという数値で献立を考え、血圧を計り、健康体の平均体重を作り、それに従おうとします。いわば機械に油をさすようにビタミンなどの栄養を取り入れようとしているわけですから、発想の根本は変わりません。私たちは生まれた時から日本というよりは西洋化した「ジャパン」という環境で暮らしており、それを既に普通のこととして受け入れています。

けれども、体で「違うんじゃないか」と感じる局面が、はっきりとは言葉にできなくともあるのではないでしょうか。だからいまだに私たちは西洋化に走ろうとする中でも和風を求めたり、「なんとなくそんな気がする」「気が向いたからそうした」といった「気」を用いた選択や判断を日常の中でしているのではないでしょうか。どこからか伝統回帰への欲求が生じて来たりもしているのだと思います。
**藤田**◉禅や武術のそもそもの背景には生気論があったとして、その生命観とはどういうものでしょう。たとえば、気が凝集して生命が誕生したと考えるわけですか？
**光岡**◎気が偏《かたよ》り、実態のない傾向や方向性が生じることで、いろんな生命の形態が発生します。それは生命史を見てもそうだと思います。

**藤田**◉それは気の濃さの違いですか。それと気が動く方向性？

**光岡**◎それもあります。ただ、濃淡などの偏り方に傾向の違いがありますが、それだけではありません。中国の古典における生気論において、生命の根本は「気」の働きにあり、そこに「血」と「水」も関わってきます。

たとえば私がこういう姿形をしているのは、有形である「血」の流れが無形で実態のない「気」の働きに従って形成され、実体となったからです。また「水」は「血」と「気」の仲介の役割があり、どちらにも転換が利きます。その「水」も「気」から生じました。それが脊椎動物などが生じる過程で「血」となり、有形的な祖先との繋がりの証しになります。そして私たちが捉えられる血の流れは、「私たちが生きている理由」ともなります。

その血が流れる傾向を左右しているのが「気」なのです。たとえば病のかかり方として「病は右肩から入り、左脚へ症状が出る」と『黄帝内経』に書かれています。これを「気、血、水」の気をベースに理解しようとせず、解剖学的に理解しようとすれば皆目見当がつかなくなるでしょう。

**藤田**◉たしかに、血がつながって命が連綿と続いていくさまを血脈《けつみゃく》と言います。僕らが得度するときに受け取るものの一つに「血脈」という書き物があります。これは「けちみゃく」と読むんですが、過去七仏から自分の師匠までの法の上の家系図みたいなものです。

インド、中国、日本と法を自分まで伝えてくれたそれぞれの和尚の名前が書かれていて、それがすべて赤い線で結ばれています。伝統的には、本当に自分の血を使って線を引いたそうです。僕は赤い墨汁で書きましたけど（笑）。

生気論の身体観は意識できる体に意識的に働きかけようとする近代的身体観、機械論とはまったく違うことはわかりました。

僕たちは近代的な身体観に慣れ親しんでいます。けれども日常の中では、「気になる人」と話をしたら顔を赤らめたりするわけです。意識的に顔を赤くすることはできません。赤面するのを気と結びつけてなんとなく理解しているわけですから、生気論の世界との繋がりをかろうじて保っているとは言えそうです。

**光岡**◎意識的にしようとすると、それとは反対のことが体に起きます。自然は安易な人為的、人工的な行為にすぐ反発しますから。

**藤田**◉気がそうしたいから赤面するのでしょうか。

**光岡**◎気だけでなく、顔に赤みがさすことからわかるように血との関係で起きるのでしょう。先ほども述べましたが気と血があって、それらを媒介する水があります。水は仲介だからどちらにもなれます。

また気の働き方は風か霞のようだとも言いました。血は雨や川のように働きます。風に流されて雲がやってきて、雨が降ります。風が吹き、そこに雲があるからといって雨が必ず降るとは限らないけれど、条件としては風が雲を運んでこないと雨は絶対に降りません。血は実際に手に触れて感じられます。でも、気は目を向けることしかできません。実態がないからです。人間が数千年かけて「気」についてわかったことは三つぐらいしかありません。

一、傾向がある。
二、実態がない。
三、偏って在る。

ありきたりの例になるかもしれませんが、地球が形成される当初から物質があった訳ではなく、何もない空間に〝ある傾向〟が生じました。その傾向に実態はありません。しかしながら、「傾向がある」ということからなにがしかの偏りが在ったことはわかります。偏りがなくなると運動は安定し、定位してしまうため変化がなくなります。よって偏りは変化には必要不可欠なファクターとなります。

さまざまな要素が凝集し、無形の傾向がやがて物質化し、私たちが手に取れる「物」になります。物質化するまでには、傾向という無形の「事」としての物語があるのです。

もう少し身近な例で言いますと、私が手に持っている物と向こうの壁を見ることはできます。しかし、無や事に気を向けるとは「壁と手の間のスペースを見てください」と言うようなものです。

物と物の狭間の「何もないところ」に気を向けることが「観る」ことだと言えます。それを「**観之目**《かんのめ》」と呼んでいます。これについて体感覚で言うと、実態感や実感があるところではなく、「実感と実感の間」や「実態感と実態感の間」、「実感や実態感がないところ」へ集注を向けることになります。

拳をぐっと握ると、その手の平の感覚はとても強くなり、拳の内側にある力感へと集注が向かうので他のところに目がいきません。しかし、手を開くと途端に血が抜け凝縮していた力感はなくなり、自然と他のところに気と観之目が向きます。このように感覚が虚ろになって行く経験から、体の無いところや空いたところへ気が向くようになります。

気を向けるのではなく、身体を意識すると私たちは実態感に引っ張られやすくなり、強い感覚がある方を「気」と勘違いしがちです。それは「血」か、それがより有形化した「身」や「肉」の経験になります。「血」「身」「肉」に集注が生じると実態のある感じがします。そこに気の集注はありません。

**藤田**◉生気論で体を捉えると、まったく現代的ではない体が見えてくるのはわかるのですが、実体感のない気をどう捉えて見ればいいのでしょうか。なかなかそれが実感としてわからない感じがしています。

**光岡**◎気を向けて観ることがわかりにくいなら、「気持ちを向けて観る」でも最初はいいと思います。少なくとも身体を意識するよりは、体に気持ちを向けて、体が発生して行く過程を観る方がいいです。そうして内観して行くと稽古が楽しくなりますよ。

**藤田**◉ぜひそういうところまで行きたいと思うのですが、どうも観ることの理解がまだ狭いのでしょうね。体を見るというとどうしても鏡で自分の体を見るようなやり方しか思いつかないのが実情です。外側から間接的に、三人称の客体として身体を見ることばかりを思い浮かべてしまって、内側から直接に一人称として体を観るということが覚束ないのです。

**光岡**◎武蔵の言うように見之目《けんのめ》と先ほども触れた観之目が必要ではないでしょうか。見之目は肉眼としての使いようです。観之目は、目を閉じた時に観えて来る音の色や形、輪郭です。深い集注観を伴います。必ずしも目を閉じる行為が観之目という訳ではありません。目を開いていても絵や彫刻を観て、それに音や聲《こえ》が聴こえるような経験もあります。ましてや武術の場合、相手がいるので目を閉じていたらやられる可能性が凄く高くなります（笑）。

**藤田**◉そういえば、以前ヨーガを教えていただいた先生も、「なんとなく音楽が聴こえてくるようなのがいいアーサナ（体位）ですよ」とおっしゃっていました。今、それを思い出しました。

観之目とは、ひょっとして坐禅でいう**半眼の眼**と関連しているのかもしれません。坐禅では、完全に開いているのでもない、完全に閉じているのでもない。そのどちらでもなく開いているようで閉じている、閉じているようで開いているような目つきを半眼といっています。

坐禅の指導書でよく、「視線を四五度下に落とす」とか「一・五メートル向こうを見る」と説明してあるのを見かけますが、それにしたがって半眼を作ってしまっては坐禅としてはダメなのではないか。僕はそう思っています。そういう数字をあげて指示を出してくるのはまさに機械論的な身体観が背景になっているからでしょう。半眼は「半眼をする」のではなくて、「半眼になる」べきものだと思います。内観をしているときに自ずとそういう目つきになってしまう、というもの。

**光岡**◎「半眼」を理解するためには、閉眼《へいがん》と開眼《かいがん》を経験的

半眼

に知っておかなければ、その両端の経験の真ん中にある「半眼」を知ることはできません。下手をすると形骸化し「単に目を細めること」にもなり兼ねませんから。それに加え現代人は普段から寝ても起きても身体感覚が開眼化していると言えます。

肉眼は閉じていても感覚上は目が開いたままだから寝付けない人や眠りが浅く、いくら寝ても疲れが取れない人がこんなにもたくさんいるのだと思います。スマホやパソコンなどの普及によって昔と比べ物にならないほどの情報と知識があるから、どうしても情報処理のため頭が忙しくなる。このような環境で自然と気と集注観が頭へと昇って高ぶってしまうわけです。

**藤田**◉今や「**一億総のぼせ状態**」ということですね。全員がそうだから、のぼせていることに誰も気がつかない。誰もかれもがのぼせた状態で「これがいい、あれがいけない」と喧々囂々している。そういう時代に引きずられずにいたいのですが、近代の身体を生きているわれわれが二四時間、古の体でいられることは可能でしょうか。

**光岡**◎それもきっとしんどいですよ。室町時代や江戸時代の人にスマートフォンや電気のある生活、満員電車に乗るようなことを強いるようなものです。古の身体とは、随時そこにいるものでもなく、稽古などを通じて自分の中で戻れる大切な故郷、ホームベースとして捉えておいてはどうでしょう。

**藤田**◉なるほど。そういえば、坐禅の別名は「**帰家穏坐**《きかおんざ》」と言います。帰るべき家は、まさにホームですよね。体はそれを懐かしがっているんでしょうか。深いところでは、みんなそこに帰りたがっている。存在の故郷に帰りたいという望郷の念、願いというものがある。僕はそれこそが宗教心の原形なんじゃないかと思っています。

**光岡**◎たぶんそうだと思います。現代社会に生きながら、環境から生活様式まで昔に帰るのは大変です。人間は便利と楽が好きだから、一度手に入れたそれらを容易には手放しません。いつの時代でもそれは同じです。人間の習性として必ず便利な方へと進んで行こうとします。

その根底には動物があえて苦を求めることはせず、楽な方へとチャンスあらば進もうとする本能と通じるところがあります。ただ、動物と人間の違いは、環境操作の度合いにあります。ペットや動物園などで人間に飼われている動物を除けば、ほとんどの生物は自然の中で他の生命と共存しています。そのような自然界では互いに僅かな甘えも許されません。比べて私たち人間は道具を用いて環境を操作し、外敵から身を守る術を培って来ました。人間には道具と環境操作によって生きることに甘んじられる環境を人工的に作り出すことが可能となりました。それが強みにも弱みにもなるのは、幸福の度合いを環境操作の発展と便利さで測るようになったからです。「便利とは環境操作の発展であり、それが人間という種の強さである。それらを求めることが人間にとっての幸福である」と誰しもが感じています。でも、体はそれでいいのか？　生命や存在、種としてそれでいいのか？と待ったをかけたい。

人間は便利な環境を作り出すことで、自らを家畜化し、さらにはペット化へと変わってきました。そこから進んで、機械化したペットとなりつつあります。それが体の完全放棄の向かう先です。

## からだの左右観

**光岡**◎最近はしゃがむ稽古をしていると先述しましたが、それも現代人は気持ちが上がっていることへの応急処置です。居心地の悪さや痛みはあっても、大事なことはそういう「ある」感じではなく「虚」「無さ」を観ていくことです。

**藤田**◉光岡さんがくり返し言われている、「からだ」の「カラ」の部分であり、「ないところ」ですね。

**光岡**◎はい。そこに気を向けることがポイントです。これは意識することではありません。自分の中で「何かに気が向く」ことと「意識すること」の違いが明確でないと、この稽古は成り立ちません。

身体には「虚」と実感を持てる「実」だけではなく、左右観もあります。左が虚で右が実です。大雑把に体を見ると一見シンメトリーに見えますが、丁寧に観て行くとシンメトリーなところがなくなります。昔の人たちはアシンメトリーな内面的な世界をちゃんと観ていたようです。

たとえば中国の古典をいくつか例に取ります。中医学の経典『中蔵経』はこう記しています。


【中蔵経】

《中蔵経曰》三焦者。人之三元之気也。総領五臓六腑栄衛経絡内外左右上下之気。三焦通即内外左右上下皆通。其於周身灌體。和内調外栄左養右導上宣下莫大於此。

三焦《さんしょう》の者、人の三元の気なり。五臓六腑の栄気と衛気、経絡、内外左右上下の気を総領する。三焦が通ずれば即ち内外左右上下（の気は）皆に通ずる。おいて身の周りと體に（気を）灌ぎ。内は和み、外は調い、左は栄え、右は養い、上は導き、下は宣しくなれば、比より大なるはなし。

また中国古典の用語である「左顧右眄《さこうべん》」です。顧も眄も「かえりみる」と読みます。「顧」は後方や過去をふりかえる意味があり、「眄」はチラッと流し目や横目で見たりするような「かえりみ」です。原義においては丏《べん》は覆うの意味があり、目が仮面に丏《おおわれ》見えない中で隙間から観るような意味になります。このように右と左の目付けの違いを古人は経験的に知っていました。

**藤田**◉そういえば、先ほど例に出された『黄帝内経』では「病や風邪の入り方で病は右肩から入り、左脚へ現れる」と記されているというお話でした。やはり先人は身体に左右の違いを観る目を持っていたということですか。

**光岡**◎そうですね。明治維新による欧米化が進んで以降、武術ではシンメトリーの練習が基本とされています。しかし、古い武術の型で左右がシンメトリーな型や式はなく、すべてがアシンメトリーになっています。私が知る範囲で言うと、シンメトリーの型や練習方法は遡っても一〇〇年程度の歴史しかありません。

今では空手の基本練習としてされている正拳突きや前蹴りの稽古は、空手の発祥地である沖縄にはなく、アシンメトリーな型稽古が中心でした。フィリピン武術モダン・アーニスのダブル・バストン（同じ長さの棒を両手に持って使う技術）などの基礎訓練もモダンと言うくらいですから、近代にできた訓練方法です。伝統的なフィリピン武術の型稽古は片手か左右に長さの違う武器、もしくは片手だけに武器を持って稽古します。中国武術のシンメトリーに行う站椿も近代以降にできたのであって、伝統的な中国武術の招式（型）もアシンメトリーです。

**藤田**◉大量生産された規格品はアシンメトリーであっては欠陥品にしかなりません。やはり産業社会の身体観に合うように左右対称を良しとする考えを共有するようになったのでしょうね。

**光岡**◎歪みのないシンメトリーな体があって完璧だという共同幻想を私たちは共有しています。しかし、こうした身体観は私たちにとっては実は苦しいもので、怪我などで体が壊れて行く要因にもなっています。

自然界はアシンメトリーが普通です。真四角で左右の長さがピッタリ揃っているものなど存在しません。実際、身体においても内臓の位置には偏りがあります。微細に観ると左右はまったく異なります。

**藤田**◉自然界がどうして左右非対称でバランスを取るようになったのかは大きな謎ですね。

**光岡**◎ひょっとしたら地球の自転や宇宙の運行と関係しているのかもしれません。血を巡らす心臓が左についたのは、そちらに運動ができる広がりを感じたから。血を収める肝臓は落ち着きやすいから右に生じたのではないでしょうか。

おもしろいのは「立ちしゃがみの型」で身体と気持ちが落ち着き、足腰や肚の経験に気が向くようになると、しゃがんだ姿勢から立ち上がる際、右手を下げて上がろうとすると足が重たくなります。けれども左手を下げると立ち上がりやすいことがわかります。

自分の身体を観察できるようになるとシンメトリーに体を揃えて動くときつくなることもわかり始めます。左右を動きに合わせてずらした方が腰が揃います。そもそもアシンメトリックにバランスが取れているので、その偏りに従ってずれて行くと自然とバランスが取れて揃うのです。

**藤田**◉古の人たちの内観の細やかさは素晴らしいですね。今の左右の対称、非対称のお話を聞いていて、考えられた身体と内観された体の違いがよくわかった気がします。

でも、そういう話を聞いてわざと左右に違いをつけて動いてしまうと、それは意識的な造作をした動作になるわけで、やはり気を向けていくしかなさそうですね。

**光岡**◎はい。あと、少し注意した方がいいのが気逆《きぎゃく》による体と頭の分離です。これはしゃがんだ状態から立とうとする時に起きやすい現象です。

現代人は暮らしの中で気持ちや気を上にあげ、肩に力や力感が生じるような身体への集注観が普通になっています。また、「気をつけ」など気と血が頭に上る姿勢を良しとする

①しゃがむ稽古（53頁参照）の姿勢から左手を回して下におろす。目は瞑ったまま

②左手の垂直を保ったままゆっくりと立ち上がる

③アシンメトリーな状態のまま静かに体を起こしていく

④上体が伸び上がらないような位置で右手と左手を近づける

⑤合掌する

習慣が身についているため、普段から気逆の状態にあります。頭と体が分離しているため、頭と首が体に馴染んでいる感じがしません。

そこでしゃがんでいる時に顎をエラの方へと向かうラインに沿って軽く引くと、頭と頸椎と胸椎が繋がり、頭が肩甲骨の間に降りてきます。

頭が体の上部に降りてきて初めてそこから中部、下部へと降りて行けます。中国の古典医学などで三焦と呼ばれる上焦、中焦、下焦の感覚経験もここからはじめて理解できます。

背中と腰の分岐点は背の真ん中あたりにあり、ここから虚実が分かれます。そうして虚に気を向けていくと気が降り、体と気持ちが落ち着き、体の中の速度が下がってきます。スマホを用い、多くの情報にアクセスし、複雑な社会形態を生きながら時間に追われるような現代の生活とまったく違う、一昔前の速度感を自分に感じるはずです。

近代でも私から見て達人と呼ばれる人たちは、その人が生きている時代の流れよりもさらに前の時代の身体にアクセスし、低速の体

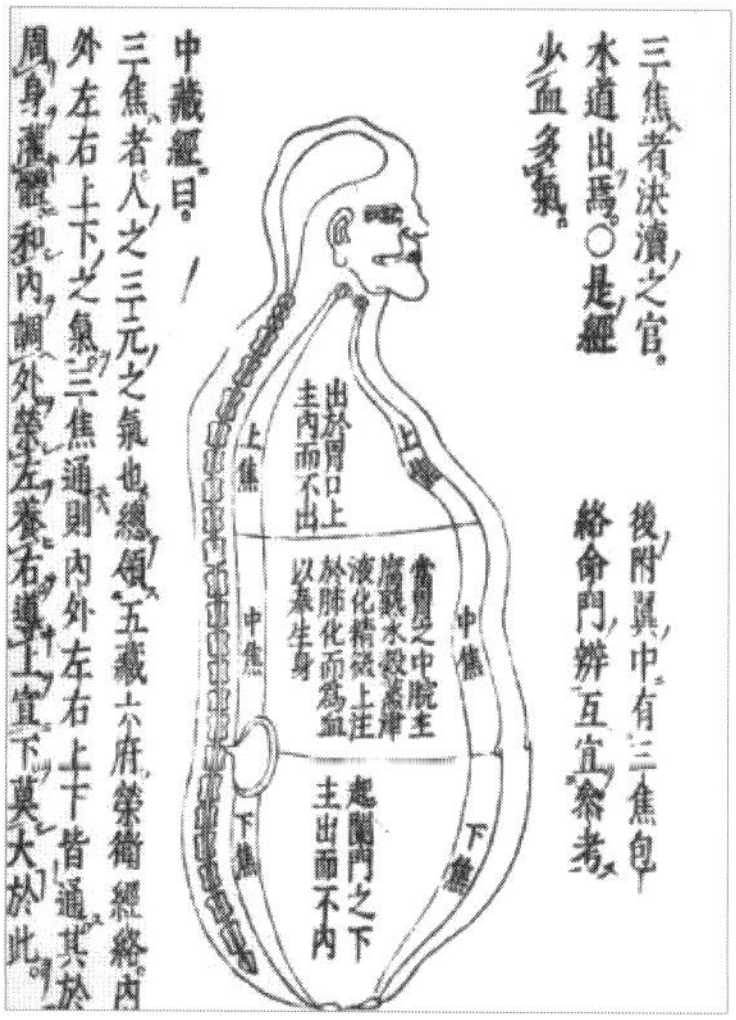

三焦の図

を持てた人たちです。皆が時代の流れや社会の変容に流されて行く中で、一人だけ時代遅れな身体観へアクセスでき、さらに遡れた方が名人や達人と呼ばれていたようです。

**藤田**◉みんなが少しでも速度を上げようとしている中で、その逆に速度を極力下げようとした人たちがいたというのは驚きです。まさにブッダが自分の見出したものを表現するのに使ったという「**世の流れに逆らうもの**」という言葉がぴったり当てはまります。

今教えていただいた左右観と虚実の立場で坐禅をガイドすることができたら、現代人であっても、あの姿勢が意味のわからない単なる我慢大会や苦行ではなくなるかもしれません。体も心も納得して受け入れられるようなしっくりしたものになるんじゃないかと思います。ぜひ、僕の指導に取り入れていきたいと思います。

**光岡**◎あくまで参考程度のお話です。ついでに言うと、インドネシア武術シラットやインドネシア舞踊においては「クンチ（鍵をかける場所）」という身体への集注の仕方があります。教え通りクンチを内観して行くと、手首の中心部や肩甲骨の間、下腹部にある空虚で空っぽな「何もない感じ」がする所に集注が向かいます。そういう虚を自分の中に見つけていきます。ですから「鍵をかける」とは、虚があるところに自分の観の目を向けていくことになります。鍵をかけると体が沈んで来ます。

こうした考えからうかがえるのは、東洋においては、体を観るときに目を向けるのは「あるところ」ではなく、「ないところ」なのではないか？　ということです。

現代人のように感覚のあるところばかり観ていると、物のように体を捉えるようになり、必然的に操作したくなります。しかし「ないところ」であれば操作のしようもないわけです。だから体に従うしない。

**藤田**◉坐禅の姿勢に関して虚実は見て取れますか？

**光岡**◎身体の話なので流儀によって集注の仕方は変わりますが、観ている身体の順番が違うだけで虚実は観て取れると思います。

**藤田**◉坐禅だと左足を右膝の上に、手も左手を右手の上に重ねて組みます。これも左右観に基づくものでしょうか。

**光岡**◎左右の分離が明確ですよね。坐禅に限らず武術も同様ですが、分けておくことが大事です。「**やっていること＝動・行**」と「**感覚＝身（み）**」と「**気＝体（からだ）**」。これら三つの**分立**《ぶんりゅう》が大事だと思います。

感覚は実で気は虚ろです。気を向ける方向は気の源の虚空です。虚ろで空っぽな所です。多くの人に取っての集注とは、感覚や動きといった実に対するものです。そうなると三元が表面で癒着してしまい、何をしているのかもわからなくなり、意識過剰になりはじめ何も観えなくなります。

坐禅の時も骨盤を意識して動かしたり、骨盤の感覚を探るのではなく、空っぽな所へと目を向けてみます。すると骨盤の辺りで感覚が生じ、それに導かれて骨盤の動きが自然と発生します。「動かす」と不自然に感じますが、「動く」と自然な感じがします。

なぜ感覚に注目しないのかと言えば、感覚は向こうからやって来るからです。暑さ寒さの感覚は作るものではなく、勝手にやって来ます。それらに対し、私たちは受け身でしかいられません。むしろ「感じよう」とすると逆に何を感じているかわからなくなるか、観念的に感覚を作ってしまいます。

いわゆる〝捉えられる身体感覚〟の多くは「感じよう」として感じたもので、それだと意識と同じく「実・有」のものだから、必ず感覚を使って「する・しない」というような操作の対象になります。そこにとどまる限り、技は使えません。だから虚ろで空っぽな体へと目を向けないと武術の動きにはなりません。

武術の場合、さまざまな局面を事前に考えておく必要があります。如何なる状況においても臨機応変に動け、自身の行いで目の前に生じた問題を解決しなくてはいけません。とっさに動く必要が生じたとしましょう。その時「動く」習慣がなく、意識を介して「動かす」習慣のみが身に付いていたとすると、コンマ何秒で死命を制される世界では必ず後れを取ります。ただし、皆が意識して動かすことを普通にしているのであれば、互いに後れを取っているので何とかなります。「動かす」場合は必ず予測と関係しており、知ってか知らずしてか頭で過去の経験から予測をしながら動かすことになります。

しかし、本当の〝ない〟世界での自然と自分が「動く」「動いた」時は、操作を基軸とする「動かす」「動かした」感じはありません。意識すらしていません。

**藤田**◉外側から鋳型のように決まった形を押し付けるのではなく、「身体感覚を手がかりにして内側からそのつど新鮮に生成する坐禅を」といつも言っている僕には、ものすごく参考になるお話です。

仏教で伝統的とされる瞑想法の中には、「今自分がやっていること」をラベリングと言って実況中継していく方法があります。手を動かしている時には、「今、手を動かしている」と心の中でラベリングして、妄想が湧いてこないようにするというものです。三元分立の考えからすると、これは意識の対象について述べているに過ぎないことになりますが、どうでしょうか。

**光岡**◎一日中、自分の行動を実況中継すると考えたら大変ですよ。伝統と呼ばれるものの中には「近代に入って作られた伝統」もありますから、その辺りは気を付けたいですね。

古い教えを経典や書籍をベースに読んで話をされている方は、自分の身体観と感性が時代の流れで変わってしまったことに気づけていない場合も多々あります。それも意外と感性や感覚が良いと言われる方に多いです。感性や感受性が豊かな人ほど不自然な環境に対しての感応力や順応性が高いからでしょう。

**藤田**◉その通りかもしれません。ラベリングを重視する瞑想技法は、東南アジアの仏教国の近代化の中で出てきたものだという話を聞いたことがあります。

個人的な体験でいうと、ある瞑想センターで一〇日間このラベリングの修行をしたのですが、どうしても不自然さを感じてしまいました。そういう姑息な手(笑)を使うことを嫌って「ただ」坐ることを言う禅の中に長く身を置いていたせいでしょうか。

**光岡**◎たとえば、意識して「わざと三つに分けて同時に意識して自分の体と感覚と動きと観よう」と三元分立を理解して試みてしまうと必ずと言っていいほど失敗します。三元分立とは三つのことを同時にする訳ではありません。三元分立《さんげんぶんりゅう》は内を二つに分け「内之内」「内之外」あと一つを「外」とし「どのベクトルに自分の集注が向いているか」「どのベクトルとエリアに気が向いていて、どのベクトルとエリアに感覚が生じ、どのベクトルとエリアから動きが生じているのか？」を鮮明に知って行くために分立を用います。

この時に「行為、動き」など外へと向かうベクトルに集注観を向けると「動き」「行為」へ気持ちが引っ張られてしまい、内面的な動源へ集注が向かなくなります。動因と動源がある体の方へ気の集注を向けて行くと、感覚が身に生じ、その感覚から動きが生じます。

また、いったん動きが行為として収まったら、また改めて自然と集注が感覚・身の方へ向かおうとします。そこで感覚を意識することに集注が向かいがちなのですが、その古いバーチャルな感覚から離れるため、新たに三元分立が生じるよう、気の集注を気の偏在地である体へと向けていきます。そこからさらに内面を洞察し、気と感覚を分け、感覚と動きのベクトルが分かれて生じるよう気の集注を体の「なさ」、空洞や虚空間へと集注を向けながら観ていきます。この「なさ」から「ある」ところへ自然と集注が以降する過程の中で、私たちが捉えられる感覚経験とそれに従った自然な動きが生じます。

車の中で音楽を聴きながら運転して目的地に向かう時、運転のことを何も意識せず考えてないから三元が分立して同時に進行しています。ところが初心者は運転していることに意識的になってしまいますから、「行動の方向、感覚、気の向き」が意識によって一元一立化してしまい滑らかに運転できません。何かと焦ってしまいます。物事がうまくいく時は自然と三元分立が起きているのです。

ところが、およそ今の教育というのは、一元一立化することを主たる目的にしています。意識をもって自分の行為や行動に集中し、気も感覚もそこに向けさせることを良しとします。そういう身体性や感性になるから武術や禅の基礎が成り立たなくなっているわけです。

**藤田**◉なるほど。懸命にやればやるほど不自然に感じて混乱するのは、行為と自分が集注している方向と感覚という三次元の間に癒着が生じるからなんですね。

**光岡◎身《み》と体《からだ》はすでにありますす。意識的に自分から探しに行かなくとも存在しています。**

私たちは概念上の身体を大事にするあまり、既にあるものが観えなくなってしまい、概念上の身体や感覚のリアリティばかりを求めてしまうのです。意識できて観念的に捉えられる身体感覚のみをリアルとして理解します。だから経験した過去のことを意識できる身体感覚でわかりやすく再現しようとするのです。

さっきの経験を基軸に考えることで刹那的に感じられたことが見過ごされてしまうのです。また、そうなると刹那的に感じられた身体観の由来へと集注が向かなくなります。人間にとっての現実や真実とは必ず当人が「感果＝感じた結果」が規範になっています。

人がいかに感じた結果から生じた観念上の感覚と実際の感覚を見分けられないかを示す実験があります。梅干しを食べた時の感覚を思い出しながら「梅干し」と一〇回ほど唱えてみてください。そうすると恰も梅干しが口の中にあるかのように唾液が出て来ます。実際には梅干しがないにもかかわらず、あるかのような感覚的反応が勝手に起きます。

イメージの梅干しにも実際の梅干しにも同じように感覚的に感応します。梅干しを食べた際のイメージをもとに感覚的な「酸っぱかった」という経験を身体に復元しているわけです。そうなると実際の梅干しと現に今はない梅干しとで感覚上では区別がつかず、どちらの場合も感応し、唾が出ます。

この実験を私の講習でした折に「スミマセン、センセー、ワタシ唾がデマセン」と言った人がいました。彼はマルタ共和国から来ていた人でした。梅干しを食する文化圏にいない人は、感覚経験のイメージがないので同様の現象は起きません。そこで彼に一〇回ほど〝Lemon〟と唱えてもらったら「唾がデマシタ」と言っていました。

**藤田◉自分の思い込みなのか本物なのかがわかるためは、本物の梅干しを食べてみるしかありません**ね。本物の方が思い込みよりはるかに情報量が豊かですから。禅では「冷暖自知」と言って、実物に触れることが強調されます。

## 自信がある人は修行しない？

**光岡**◎今や日本人も極めて近代的で機械論的な身体性や社会形態を共有しています。近代化がなぜ起きたか。近代化によって何が失われたか。社会形態や思想からの考察はたくさんあります。しかし、人間の身体と社会形態を照らし合わせて見ない限り、本当のところは何が問題なのかわかりません。

生気論について色々調べていくうちに改めて思ったのは、デカルト主義者による「事実や真実とは客観的に捉えられることである」といった、「客観的な正しさ」をコンセプトにしたことが今の社会の諸悪の根源ではないか、ということです。

**藤田**◉それまでは神によって世界は決定されていました。デカルトの自由意志や機械論は、時代の軛《くびき》から逃れようとする一大転換だったと思います。家畜は言うことを聞くか聞かないか完全にはわからないものでしたが、機械となれば自由意志によって完全に思い通りに動かせます。そういう機械としての身体は当時は非常に画期的なコンセプトだったはずです。

**光岡**◎それにしても、やり方をもうちょっと考えても良かったと思います。機械論でうまく展開できると思ったのかもしれませんが、結局は精神と肉体の二元論から抜け出せなかった。その問題には気づいていたから、デカルトは精神と物質による実体二元論を唱え、その融合ポイントを〝魂のありか〟としての松果体《しょうかたい》を言い出したわけですからね。客観的事実を唱え始めた人にしては、そうとう主観的でオカルトチックな見解です。とはいえ、その方が客観事実としての物理的な身体と魂のコンセプトよりはまだましに感じます。

**藤田**◉デカルトはまた「延長」とも言っており、空間的に広がりのある物質とそれがない思惟する精神を分けました。しかしながら、両者をどうやって繋げたらいいかわからない。その隔たりをひたすら言語で構築しようとしたのではないでしょうか。

**光岡**◎そういう文化圏の人に生気論を説明するのはかなりたいへんです。客観的事実や真実の存在を共同幻想として共有しつつ、それを現実の規範としていると、やがて得られた事実を物質に還元しようとします。物質還元主義の志向は現にある規範やものを否定し、そこから新たに法なり制度なり、社会を構築していくことに繋がって行くでしょう。さらには自由とは、現状の否定から始まるといったメンタリティによって葛藤や矛盾を克服しようとはしても、そもそもの原因に目を向けないと、二元論的な発想は根本的には変わりようがありません。

**藤田**◉自覚さえないほど深い共同幻想のレベルにまでメスを入れるといった、根本的な自己吟味は相当な勇気が要ることです。たとえそれに着手してもかなりの苦痛を覚悟しなければなりません。だから、そこまでさかのぼって変えていこうという人はなかなかいないでしょう。

**光岡**◎長らくバーチャルな身体と精神を鍛えてきたから、ヨーロッパ人はタフですよ。その共同幻想を身体的な思想として維持しようとすれば、精神力に加え相当な筋肉とぜい肉が必要です。筋肉は意識して動かそうとする概念の力で、ぜい肉は止まり固定化しようとする観念の力です。その精神力と筋肉、ぜい肉力をアップさせるにテクノロジーという名のドーピングが必要になって来ます。あとは副作用を止める薬と、さらにその薬の副作用を止める薬が必要になります。

それに対峙するには同じだけのドーピングをするか。まったくドーピングが通用しない、より本質的な土壌へと移るかです。**骨や髄の身体観には筋肉増強剤が効きません。**筋力や筋肉、ぜい肉の身体観を身につけた自分の所業、つまり「自己に対して何をしているか」が観えてくるとドーピングも次第にできなくなってきます。

それにしても客観的事実と言う名の仮想現実によって、私たちは己を見失ってしまっています。これも人が種として通らなければならない道なのかもしれません。

**藤田**◉いったいどこを突けば、その価値観が揺らぐのでしょうか。

**光岡**◎甲野先生がフランスで講習会を行った際のことです。参加者が彼なりの想定があって甲野先生の技について「こういう理由でしょうか。それともこういうことでしょうか?」といった尋ね方をしたそうです。すると甲野先生は「はい＝Oui」の一言で済ませたので、会場は一瞬とまどい、続いて笑い声が起きたそうです。フランス人が期待していたOui＝ウィの続きの説明がなかったのです。何らかの説明と答えを期待していたフランス人からすると、そういう展開の仕方はありえないわけです。でも、それはフランス人にとっては新鮮でいい体験だったでしょう。

**藤田**◉禅の始まりとして有名な「**拈華微笑**《ねんげみしょう》」と言う逸話があります。ある日の説法で、いつもとは違って釈尊が花を手に持って何もしゃべらないでいたところ、聴衆の中の摩訶迦《まかか》葉《しょう》だけがにこりとした。そこで釈尊は、「私の悟ったことは今、摩訶迦葉に伝わった」と宣言した。

僕の想像では、釈尊の沈黙に対してそういう返しをした摩訶迦葉には、みなぎる自信があったのではないでしょうか。他の聴衆は釈尊はいったい何を言わんとしているのかとあれこれ頭で推測したのに対し、摩訶迦葉は釈尊と完全に同調していたので、即座に感応道交が起こって、思わず微笑みがこぼれたのでしょう。そこには躊躇も逡巡もない、これ以外にあり様がない応対という意味での絶対の自信です。

この「自信」について疑問に思うことがあります。武術の稽古が禅における修行に当たるかと思いますが、最近どうも修行というものが「未熟な人間でも修行をやれば、強くなって自信がつく」といった、変身のためのツールに変質している気がします。

**光岡**◎そもそも自信がある人は修行しないでしょう。麻雀界で二〇年間無敗だった、雀鬼こと桜井章一会長は根拠のない自信の塊みたいな方です。何せ練習が嫌い、というよりも練習をしたことがない。けれども、どんな苦行よりもたいへんなことが桜井会長の日常にはあります。日々を生きているだけでいい。桜井会長の唯一の師匠は自然で、そこから習っているそうです。また、自分に降りかかって来ることから逃げません。桜井会長には死ぬ覚悟のようなものは感じられませんが、同時に死への恐れは一切感じられません。逆に他から励まされ与えられた自信が一切ない方でもありました。

**藤田**◉本来の修行はそういうものかもしれませんね。日常生活と修行とが別々に切り離されてあるのではなく、日々生きていることそのものが修行になっている。そうであるならば、普通の生活と修行の別を設ける必要がない。ましてや弱いところを強くするようなあざといものではない。

**光岡**◎本来の修行とは自分の弱いところを自覚するために修行するのではないでしょうか。少なくとも弱さを意識して克服しようとする行為ではないはずです。人間である自分の〝どうしようもなさ〟を知り、修めて行くことが修行と言っても良いので、現代の解釈は昔とずいぶん変わってきているようですね。

## 型は「手を拘束する」ためにある

**藤田**◉先ごろ「霊的暴力について、仏教の立場から話して欲しい」と講演を頼まれました。考えた末、「近代の体で古の修行をしたら必然的に暴力が生じる」ことについて話しました。意識で身体をコントロールしようとすると、どうしてもコントロールできないところが出てきます。それを意識は不具合、不都合だとして、無理やりねじ伏せようとします。体を無視してまで意識の支配を貫徹しようとする。それこそが暴力なのだという話をしました。またしてもオウム真理教の話になりますが、あれなどはその典型です。

**光岡**◎オウム真理教はあの時代の社会の象徴ですよね。オウム真理教を特殊に見る方がおかしいと思います。

**藤田**◉私と麻原彰晃は同じ世代です。麻原に惹かれた信者の心理はある程度なら共感できます。特に変身願望で修行をやろうとする人にとっては、とても魅力的に感じたでしょう。

修行というと滝に打たれたり、火の上を歩いたりといった、ハードなことをしないといけないんじゃないかというイメージが一般にはあると思います。実際、荒行で有名な千日回峰行は最後は九日間飲まず食わず、不眠不臥で護摩焚きを行います。医学的に言えば死んでもおかしくないような過酷な行をやり抜く。だからこそ行を終えた人は生き仏として崇められるわけです。

**光岡**◎本人はやり遂げたことに対し恬淡《てんたん》としていても、案外周りのコミュニティが特殊な意味づけをしているのかもしれません。

**藤田**◉それにしても今時の感覚では、あのような修行も暴力的なものとして捉えかねません。

**光岡**◎誰かが「おまえ、千日回峰行をやれ」といったら暴力でしょう。でも、本人が自分から、自分のために、自己満足のためにしかやっていませんと言うのでしたら暴力になりにくい。

つまり、暴力は客観的でバーチャルな他者から他者へと向かったとき発生します。ただし、「なりにくい」だけで「ならない」と断言できないのは、「やれ」と言われずとも個人の内面に強制が働いた場合には、これも内面的な他者に対する暴力になるからです。

**藤田**◉なるほど。自発的にではなく、「これが正しいからやれ」と他人に押しつけられてやる。これは明らかに暴力的ですね。

**光岡**◎そこでいう「正しい」という語が厄介です。「正しさ」というのは、その時に言いたいことがそこにあっただけのことを意味します。先人が「言いたかったこと」を経験してみるのが修行なのではないですか。もしかしたら八正道なども正の字を使わない方が良かったかもしれません。

**藤田**◉正見から始まる八項目の仏教の修行システムのことですね。八正道の正は英語だと多くの場合、ライト（right）になっていますけれど、僕はワイズ（wise）と言っています。ライトだと「道徳的な正しさ」というニュアンスが漂ってしまうので、「智慧に基づいた」という意味でワイズとした方がいいのではないかと思います。

**光岡**◎正しさとは常に個人レベルのことで本人の中でしか成立しないことです。開祖や先人が「こうやった方がいいよ」と残してくれたものも、彼ら個人の経験から生じています。それを今の自分にはできないかもしれない技や技法とし、「できる・できない」にこだわらず、絶対視せずに先人の教えを参考程度にしておくと、「他の人が正しいと感じたこと」から何か得られます。

というのは、**どれだけ凄い人の経験や教えであっても、所詮は他人の経験**です。結局は自分でやらないとわかりません。やってみて初めて「自分の経験からはこうだった」と言えます。それも、あくまでその時点でのことなので「その時は私にとってそれが正しかった」です。

教えというものは、そもそもそういう形で伝えられて来ました。ただし、長い伝統があると継承されて来た情報量も膨大にあるため、どうしても学び方が整理されシステマチックになってしまいます。それだとまずは概念の共有から入らざるをえない。だからこそ教えには厳格に臨まないといけません。同時に現場では臨機応変に各自が教えを学習できるようにしなければ伝わって行かない。

**藤田**◉真逆のことが禅において起きています。教えの厳格さの意味するところがわからないのに、現場が硬直化してしまっています。先述したように「脊梁骨豎起」を「背中を文字通りにまっすぐにしろ」と解釈した上で、それを正しい姿勢と決めつけてしまう。そうなると「できないのはがんばりが足りないからだ」という発想にしか至りません。こうした現象が起きてしまう、その根元にあるのはなんなのでしょう。

**光岡**◎飛躍して聞こえるかもしれませんが、人の性《さが》だと思います。そもそもの話をします。いま一照さんが提示された疑問は、どこにつながるかというと、人類が四つ足から立ち上がり、前足が地面から離れて手となり、自由になったことと関係しています。

**藤田**◉そこまで遡る話なんですか？

**光岡**◎はい。私たちが四つ足のままであれば、文明は生まれませんでした。地面につけていた手が自由になった。それ以降、人間はより自由を求め始めました。文明の発展はさまざまな自由と解放をもたらしました。それと同時に人類の歴史は自由に翻弄され、葛藤を抱える歩みでもありました。武術の稽古において、自由とは私たちを翻弄するものとして捉えられています。

人間にとって型や式とは獲得された自由に翻弄されないよう枠を与えるものです。多様な法則から一つの法則を理解できるようすることにあります。そのため型や式においては、まず手を制限することから入ります。合掌をしたり、稽古道具を手に持ったり、手の構えを覚えたりと手の置きどころを学習していきます。長い間に渡って自由に翻弄されてきた手を型によって拘束し、そのことで初めて「動き方を変える」といった外的要因に頼らない内面的な自由、本当の自由が垣間見えて来ます。

**藤田**◉皮肉なことですが、どうとでも勝手に手を使えてしまうことで、何が本当の自由かわからなくなります。それが自由に翻弄されるということなんですね。

**光岡**◎人間は自由を求めながら、それに踊らされ続けてきました。それでも近代以前ならばまだましだったのは、機械が自動的に物事を行ってくれるわけではなく、なんにしても体と道具を用いて暮らす他なかったからです。その制約が翻弄されがちな体を取りまとめることになりました。鍬やシャベルを振るうには然るべき持ち方があるわけです。個々の持ち方は工夫されたとしても、どうとでも自由勝手に動けばいいというわけにはいきません。

そういう風に道具が体を拘束してくれていたので、その時代背景をもとにできた型は時代の必然性に基づいています。当然ながら型と教えに関してはわがままが通用しないのでリジッド（固定的、厳格）に感じることもあります。道具の拘束がある時代の身体観とその経験のない現代の身体観とでは、型へのアプローチが同じになるはずはありません。私たちは以前に増して緻密に型に接しないといけないわけです。

もちろん身体的なジェネレーションギャップがあるので昔の型を稽古するときにきつく

感じますが、ただ窮屈さを我慢して型を行うわけでもありません。自分を型で拘束するわけでもなく、型を自分に合わせてしまうこともなく、道具や型の拘束感やその型に入ることに心地よさを覚え、結果として作用が生じれば型に入ったことになります。これが単純な動作の反復練習による習慣化と違うのは、**型に入ると結果として技が成立する**からです。

**藤田◉**初めて日本刀を腰に差して鞘から抜こうとしたとき、とても抜ける気がしませんでした。僕より小柄な先生は軽々と気持ちよさそうにいとも容易に抜いているのに、同じ刀を腕の長い僕が抜くことができない。「何だ、この抜きにくさは!?」と思いました。どうしたら抜ける体になれるかを日本刀という道具から教わらなくてはならない。**道具がそれを使う人を育てる**というおもしろいことが起こるんですね。

坐禅の姿勢は「エゴが十字架に磔《はりつけ》になったようなものだ」という言い方をするときがあります。坐禅では、道具を使える手を敢えて使わないようにし、二足歩行できる脚を組んで歩けないようにし、言葉を話せる口も閉じています。さらに、あれこれ考えられる脳をそういうことには使わないようにもします。坐禅をしているということはとりもなおさず、**人間が長い進化の過程で獲得してきた直立二足歩行、道具の操作、言語的コミュニケーション、高度な思考力をことごとく封じている**訳で、いわば進化に逆らっている。だからこそ、それはとても意味があると思うのです。

**光岡**◎なおのことダルマの身体観は大切ですよね。その手足のない身体観は、今の私たちにとって大きなヒントになります。頭に翻弄されがちな手足が消え、そこで観えてくるのが本来の体でしょう。ダルマが手足なく描かれている意味は、それかもしれません。手と足を消すように体を観て行くと、頭で考えられなくなり「身体」が落ち着きを取り戻して行きます。

**藤田**◉手と足に用のない状態といえば、胎児がそうじゃないですか。手足を体幹に収めてしまうような姿でいますから。それが手足のない本源の体のように思えます。人体を体壁系と内臓系に分けてみると、あの坐禅の姿勢というのは、「**体壁系を鎮めて、内臓系の声を聴く**」という言い方ができそうです。脳や腕や脚は体壁系ですからね。坐禅の主役は内臓の収まった体幹であることをダルマ人形は象徴しているのかもしれません。

**光岡**◎胴に手足を収めると思考をめぐらせずに坐れるし、体が何を言っているか観えてきます。

**藤田**◉収める力を持った上で、本当に必要な時にだけ手足を出して使うことができれば、手足の自由な動きに翻弄されたり引きずられたりせずに済むでしょうね。移動や道具操作のための手足は必要のないときには消えているのがいい。

**光岡**◎体を観るベースがあれば五体投地も苦行としてではなく、自然と発生する動きがそこにあることがわかるはずです。丁寧に自分の内面に生じる感覚経験を観察して行けば、型を自然なこととして捉えられるようになってきます。

**藤田**◉型は必要があって作られたのに、それを学ぶわれわれには最初、苦行としか感じられない。窮屈でしょうがない。そこで戻るべきはやはりベース、本来の体ですね。思考能力も必要な時に使えるのはいいけれど、必要のない時は考えないでいられるのがいい。使っていない時は道具を道具箱に片付けておくように、思考も使わないときはどこかにしまっておければいいのですけれど。残念なことに収納場所が見つからなくて困っているのが実状です。

**光岡**◎頭を頭の中だけで収めようとすると混乱に拍車がかかります。頭がちゃんと体の方に収まっておけばいいのです。

**藤田**◉そうですね。そこで再び問題なのは、私たちが体を機械とみなし始めていることです。それだと戻るべきホームにはなれません。

**光岡**◎機械論に至る身体観の始まりはキリスト教の身体観だとはくり返し述べました。しかし、聖書のいう「人は土から創られた」も当初は決してネガティブな意味ではなかったかもしれません。人間に限らず地上の生き物はすべて土からでき上がる。そういう意味だったのに世を経て解釈が変わってしまった可能性もあります。

古くからあるフランスのワイン農園では、ブドウの味見をする時に決まって口に土を入れて土壌の味を確かめます。もちろん化学肥料を入れるとそれはできません。土地への敬意がないと口に含み味わうことができないと思うんです。ですから、「土から創られた」というのは、「地から湧き上がるもの」という表現だったのかもしれません。

# 第5章

# 退歩するということ

## 修行にマニュアルは必要か？

**光岡**◎先日、講習会のために久しぶりにハワイへ行きました。いつもそうなのですが、向こうで過ごしていると「日本へ戻るのやめようかな」と思うくらい、いろんなことがどうでもよくなります。人と海と天と地があって、あとは生きて死ぬだけだからそれでいい、といった感じです。

日本に帰国した途端、北朝鮮のミサイル発射実験が話題になっていると知りました。それに対してどうこうする気が起きません。仮に落ちてきたとしても、それに対して足掻くよりかはいま飲んでいるコーヒーを味わっていたい。そんな気分なのです。

**藤田**◉僕も屋久島にしばらくいたのですが、シンプルな暮らしで体が喜ぶ感じがしました。

**光岡**◎ハワイ滞在中におもしろい光景を目の当たりにしました。稽古後の食事の席で「これからのアメリカは大変だ」「トランプが大統領になってしまってこれからどうしたらいいか」といった話題が出ました。しかし、彼らの会話に真実味がないのです。というのも、彼らにとって、これらの会話はあくまで自分と切り離されたトピックであり、バーチャルなリアリティでしかないからです。その後に続く「農場のヤギが野犬に嚙まれて怪我したこと」や「娘が家元をはなれてしまったこと」の方が本人たちにとっては真剣味がある会話に聞こえました。

**藤田**◉ミサイルにしてもトランプ大統領のやっていることにしても、確かに大ごとなのはわかっても、それが体感に降りてくるまでの間に情報が多すぎます。事の大きさに対して危機感を煽られても、まるでとっかかりがない。

**光岡**◎空回りするしかないですね。重大とされたことが次々と忘れられ、新たな話題に移ろって行く。その速さに対し距離感がとれません。

しかしながらアメリカ文化の場合、そのような時流を諦めることができないのかもしれません。ハリウッド映画の主人公に致し方なく諦めるヒーローがいないのは、フロンティア精神に反するのでしょう。常に切り開き、開拓する精神がアメリカ人のアイデンティティですから。

それでいうと、仏教はまず体も心も脱ぎ捨てて諦めるところから入りますよね。

**藤田**◉諦め、お手上げ状態になることでかえって風通しは良くなります。視野が狭いところで解決しようとするから余計に問題になります。いまどきの人はとにかく前進することがいいのだと思い、前向きに解決しようとするけれど、それ自体が問題の一部になっていることに気づけない。自力で解決することを諦めるのが大事なのではないかと思います。

道元さんは「**放てば手に満てり**」と言いました。握ったらその物しか握れないけれど、手を開いたら宇宙全部を手にしていることになる。けれども、なかなか手を開くことはできないで握ったものに束縛される。

**光岡**◎その自力というのも、現代人の理解は主観に基づくのではなく、あくまで「客観的な事実」を踏まえた上でのものでしかありません。この自力と対義語の他力も元は仏教用語ですよね。まず、これらについて考えてみる必要があります。

自力と他力が浸透していった時代は、現代社会ほどの客観的事実に対する信頼性はなかったはずです。というのは、主観の塊と経験主義だらけの人間があふれていた世の中でないと、特に他力が方便として使えなかったからです。今は「客観的事実」や「世の中の何が事実か」という前提を経た上で「自分にとっての真実」を見出そうとします。

**藤田**◉「それは客観的ではない」と言われることは、すなわち「間違っている」のと同義語として理解されています。

**光岡**◎「自分にとっての真実」には主観から入らない限りたどり着けません。おそらく人間には自力と他力の時期が必要なんでしょう。**自力でとことんやった人間でないと諦め方もわからない**からです。

けれども学校では「みんなと一緒である」ことが良しとされています。最初から主観と自力を奪われているのですから、教育を受けるほど「どうしていいかわからなくなる」人間になってしまう。自力の欠けらもない人に「他力で解決しましょう」と言えば、当然ながら「あなたに全部委ねます」という態度になってしまいます。

**藤田**◉なるほど。そうなると自力や他力という言葉が発生した時代の背景や身体性、身体観を考慮しないといけないことになります。今の時代に、昔の概念をそのまま持ってきて当てはめるのは難しい。

**光岡**◎おそらく、かつては「私が見ている世界がすべて」といった感性を幼少期に身に付けた人だらけだったと思います。なにせ百姓なら百姓の仕事に精を出し、百姓であることのプライドと技術があればいいわけです。せいぜい知っておけばいいのは村と近隣のことだけで、それ以外の世の中のことはわかっておく必要がありません。

主観が中心の世界から「客観的事実による真実の定義」というコンセプトが近代になって確立され、ここ数百年は「客観の方が主観よりも大切だ」という流れが続いています。そういうもとで教育を受けているから、アメリカに限らず今の日本人もそう簡単に「客観的事実による前向きな解決」という考えを諦められないでしょう。

**藤田**◉前に進むしかオプションがないところで見える世界と「退くこともあるんだ」という世界では、その眺めが全然違ってきますよね。

**光岡**◎そういう意味で日本の武術がおもしろいのは、「諦める」「退く」という禅の教えが思想として取り入れられていることです。中国で禅は発展しましたが、こと武について言えば、やはり大陸なので勝ち続けないといけない。長い歴史を見ればわかる通り「北狄《ほくてき》」と「南蛮《なんばん》」が攻めてくるわけです。ずっと鍔迫り合いをしないといけないから退けない。

一方、居合に見られるように日本だとずっと待って自分を観ています。相手ではなく、自分の抜く機だけを観ている。そういう文化なんですよね。

**藤田**◉なるほど。アメリカでは「退く」発想はないでしょう。自分の思う方向でいちずに何か物事を作ろうと一生懸命努力します。そういう「フロンティア・スピリット」を坐禅への取り組みにおいても発揮しようとする。熱心な人ほど、とにかく一歩を踏み出して先に行こうとする。「一生懸命がんばりますから、何をやるべきかを教えて欲しい」というのです。

そういう態度自体がもしかしたら間違えているのかもしれないとは考えない。けれども、**最初の一歩の方向性が間違えているとしたら、そのまま猛ダッシュで走り出したらまずい**わけです。

禅の場合はそういう態度自体をひとまず解除して、「自分はなぜそういうことをやろうとしているのか」といった、レッスン0どころかレッスン-5とか-6とかから始めないといけない。道元さんはそれを「**回向返照《えこうへんしょう》の退歩《たいほ》**」と言っています。

**光岡**◎その時代でもう既に〝退歩〟と言っていたのですか。今の現代社会に住む私たちだとマイナス千歩か万歩以上は退歩しないといけませんね。

**藤田**◉私たちは権威を持った人や伝統が「こうすべし」と言えば、その通りを忠実にこしていけばいいと思いがちです。禅なら禅の考えをアプリケーションのように自分の中にインストールして、その通りに作動させれば、それをマスターしたことになると思っています。それではアプリが入れ替わっているだけで、ＯＳ自体は何ら変わっていない。仏教がやろうとしているのは、言ってみれば、ＯＳのところから変えようとすることです。つまり、凡夫のＯＳから仏のＯＳへ、ですかね。

**光岡**◎ＯＳというとまた誤解を与えるかもしれません。自分は変わらず、バージョンアップしたソフトをインストールすればいいのだと。

**藤田**◉ですから、アプリケーションとＯＳという二つのレベルを区別したいんです。普通はＯＳを変えないで、その上に乗っかって働くアプリケーションだけを増やそうとする。そうではなくまったく違うＯＳがあるのだという話です。進歩のＯＳではなく退歩のＯＳです。

ＯＳを変えないままでなんとか坐禅しようとしているけれど、苦労するだけで何も開けてこない。また西洋は行き詰まっているから「東洋の叡智」というアプリケーションを入れたらいいと思っている人がいます。本当は、その人が培ってきた価値観やパラダイムそれ自体を手放さないといけないのだけど、そうではなく元あった建造物の上に彼らなりに新たな概念を建てようとする。だから話が噛み合わない。仏典が坐禅について書いてあることと自分の坐禅の実際がしっくりこないのです。

坐禅は単なるメンタル・トレーニングではない。仏になるまでは必要だけど、なったら不要になるようなトレーニングではなく、**仏であることの表現、実証（あかし）であって、それ自体が本番、ゴール**なんです。だから、終わりということがない。いつでも本番を稽古している。行には「リハーサルと本番」というコンセプトはありません。本番といえばいつでも本番です。武術で言えば、道場とストリートの違いがないというようなことになると思うんですけど、実際のところ武術ではどうなんでしょう。

**光岡**◎コンピューターと違うところが、人間の場合は内面的にOSをすでに持ち合わせており、その古から伝わるOSを発見してないだけで、外からOSをインストールする訳ではないところです。その内面的なOSこそが身体観であり、実際にオペレートするには集注観の転換が必要となります。

道場とストリートの違いですが、道場で稽古をしても実戦は稽古できません。道場では、これから何が起こるかがわかり、予測や推測できる環境の中で技や術を稽古します。そこで実戦を求めるとおかしなことになります。まったく予測ができず、どうしていいかもわからない時に実戦が生じるからです。かと言ってストリートでのケンカや戦争が実戦であるとも限定できません。**実戦とは何がいつどこで起こるかわからない中であっても、常に最後まで自分らしく状況に応じられること**を指します。

よくある型の間違った理解ですが「型どおりに動けば実戦においてなんとかなる」ほど実戦は都合よくありません。だからと言って初心者に「自分の好きなように、自由に自然に動いて稽古してください」と言われても困りますよね。

**藤田◉**そうならないためには何らかの工夫が必要になりますね。

**光岡◎**そこで「**コミュニケーションの場としての型の共有**」が必要になります。何を共有するのかと言うと、先人の姿です。型に従って稽古を進めるとわかるのは、先人が残したものとのコミュニケーションの必要性と技や術を通じて彼らの姿が垣間観えて来ることです。

それは前の時代を生きた人たちの感性と自然観です。古から伝わる型を稽古していると「あなたはこれがわかりますか？」と古の感性を問うてきます。「身体という他者」と「型という他者」が内側で葛藤しながらもコミュニケーションを取ろうとして来ます。その仲介を私が務めることで互いの問いが時空を超えて共有され次へ進んで行けるのです。

身体と型が取ろうとしているコミュニケーションを私が無視し、私が自分を省みず、動きとしての型だけを懸命にやっていると形骸化が起きます。それを避けるためにも型の意味をよく理解して稽古しないといけません。そうでないと教えている人も、習いに来ている人も何のために型稽古をやっているかわからなくなります。

**藤田**◉芸道にしても禅にしても、今やあらゆる領域で光岡さんが言われたような形骸化が起きています。型の意味が失われ、うわべの形をなぞるだけになりがちです。それでは形の奥に立ち上がってこなくてはいけない、生き生きとした感覚は消えてしまいます。

**光岡**◎それがまさに身体的ジェネレーションギャップの問題です。現代人が現代人の感性や身体観を規範にすることで生じる技もあるでしょう。

ところが武術や禅の場合はそれでは通らない。流祖や道統を伝えて来た先人の身体観を自分の中に発見しない限り、型や式が成立しないようにできているからです。それができなければ形骸化は必ず起きます。

本当の坐禅ならば道元禅師の生きていた、八〇〇年前の風景が見えるような身体観が必要になってきます。スマートフォンや近代用語が使えない身体です。それへの共感が自分の中に発生しないと型を理解することには至りません。

ところがこの二〇〇年あまり、その必要性とまともに向き合ってこなかった。しかも古今東西見当たらないぐらい情報がオーバーフローしている社会になっています。この場にいながら世界中の人と通信できるといった、これまで人類が直面したことのない社会が実現しました。そのことで意識できるものが現実のすべてという認識が共有されつつあります。激変する時代を古から伝わる型は生き残れるのか。このままでは型の手順、意味、用い方、理解などがすべて押し流されてしまいます。

こういったことを考えるきっかけになったのは、先だって五体投地を見せていただいたこととも関係しています。現代人の近代化した身体観によるバイアスをどう崩していくかが課題です。

**藤田**◉仏教の五体投地は、割と単純な動作をくり返すので変わりようがなかったのが幸いしたのでしょうか。とはいえ、五体投地を近代の身体でやるとすぐさま筋力トレーニング的になってしまいます。だから年をとって筋力が衰えると当然ですができなくなる。若い頃は筋力でごまかしが効いたということは、近代の身体でやっていた可能性があります。型として正しくやれているかどうかが問題です。

**光岡**◎型や式が残っているだけまだましかもしれません。もちろん形骸化の問題はあるのですが、形骸さえなくなったら手がかりがゼロになります。消滅した武術の流派はこれまでにもたくさんあります。文献は残りはしても、原型が何かわからない。さらには所作や文献も残らず、その存在すら知られていない流派も多々あるでしょう。そう思うと、せめて手元にあるものだけでも研究し、実践し、後世に残したいという気持ちはあります。

## 止めることで観えるからだ

**藤田**◉身体のジェネレーションギャップを埋めるためには、古に遡って行くしかない。それには現代人のバイアスを作っている常識の枠組みを変えて、壊す。進歩ではなく、退歩して行くしかない。これがさらに身体性の薄くなっている若い世代に伝わるかどうか、です。

**光岡**◎一〇代～二〇代の若い世代は大いに変化する可能性があります。自意識過剰、意識偏重で体から離れてはいても、高度成長期世代のような「とにかくがんばればなんとかなる」といった競い合いの気質や精神主義的な我はないからです。ある種の無垢な「私のなさ」が彼らには感じられるので、上手くアプローチすれば相当化ける気がします。

**藤田**◉僕らの世代は「がんばればなんとかなる」というので修行をしてきたけれど、それは違うんじゃないかということで、僕などは色々試行錯誤をやってきたわけです。

**光岡**◎禅も意拳もジェネレーションギャップだけでなく、カルチャーギャップも相手にしないといけません。たとえばアメリカでは内観とフォーカシングの違いについて明確になっているのでしょうか。私はアメリカで教えるとき内を観る行為の適当な訳がないのでフォーカス、インターナル・フォーカスだけで説明しています。

**藤田**◉内観の「観」を観察するという意味で英語で「オブザーブ」とは言わないんですか？瞑想の指導では、この言葉がよく使われます。Observe your breath（自分の呼吸を観察しなさい）とか。

**光岡**◎それだと〝眺める〟に近いので対象が景色みたいになって抽象化します。そこも使い分けながら、フォーカスの方がピントが合うのでそちらを用いることが多いです。

**藤田**◉たとえば、「チューニング」だとぴったりする感じがしますが、どうですか？

**光岡**◎そこが難しいところで、ラジオの電波を探すように意図的にチューニングするわけではなく、「チューニングが自ずとされている」ところに目を向けて欲しい。そこのニュアンスが伝わりにくいので、身体の経験をオブザーブしていると気の集注からフォーカスが生じ、自然とチューンインしている。そういう説明になります。

**藤田**◉フォーカスには、一点への集中になって他を排除するイメージがあります。マインドフルネスやヴィパッサナーの文脈では、一点集中的な印象を避けるため、オープンモニタリングと言っている人もいます。

**光岡**◎フォーカスが他の排除になるのは、意識でフォーカスした場合のみです。本来は新しい経験や感覚が立ち上がってくるはずです。気の集注をしていくとわかるのは、他を観念的に排除できたとしても体がそうさせてくれないということです。

だいたいの人は「好きなように観てください」と言われたら、慣れた見方で観てしまうか、観たいように観てしまいます。そこにフォーカスを向けてしまいます。

フォーカスや集注とは「こっちに気を向けてみましょう」「こっちを気にかけてみましょう」と**慣れた見方から外れ、見たことのない一点を観る**ことです。そのようにフォーカスするとポイントが生じ、さらにはその周辺が姿を現してきます。そして、その一点から周りの風景が体に観えてくるのです。おそらく、このような過程と経験が禅定と智慧の関係だったのではないでしょうか。その経験を得るには必然から生じた〝戒〟と〝律〟が必要であり、武術においてはそれが「型」「式」になりました。

**藤田**◉心理療法の技法としてのフォーカシングでは「フェルトセンス」という独特な身体感覚を指す表現を用います。熱いとか冷たいという感覚ではなく、「胸の中になんとなく重たい感じがする」といった心理的なものも含まれたような、言語化することがなかなか難しい身体感覚です。すぐに言語化はできないけれど、自分の中に確かに感じられ、気になる身体感覚にフォーカスしていく。

光岡◎気になる感覚を見つけてどうするのですか？

藤田◉フェルトセンスとじっくり対話していきます。「体には前に進もうとする力があって、それがいろいろな事情でブロックされていると、それをフェルトセンスという形で囁いてくれる。それに気を留めて、メッセージを受け取りなさい」という考えです。自分でできない場合はセラピストが対話の促進を助けてくれます。

光岡◎なるほど。やはりそこは西洋的ですね。フォーカシングが内観と似ていて違うのは、「気になるところ」に働きかけて対話し「動きたいところ」を探し、実際に「動きに出る」ところです。

内観では働きかけるような対話をせず、立ち現われてくる身体をただ観ていくだけです。そこから先も違って、フォーカシングは対話した先がどう変わるかを見ていきます。そうするとムーブメントに還元し「この感覚で動こう」とします。内観の場合は気になるところの風景の輪郭を捉え、自分がどういう形をしているのかを観て行き、観えて来ることを認めていきます。生じる感覚や働きも認めて、それに従うだけです。それは「動きたい」を規範とせず「静けさに従う」ことが規範となります。内観の行き着く先は動ではなく不動。そこが違いますね。

藤田◉そうですね。フォーカシングは問題の解決の方向に動いていき、内観は「そこにそれがあること」を観ていくだけなんですね。坐禅でも対話の方向には積極的には向かっていきません。ただそれをそこに在らせておくだけです。心に何が浮かんでも、「追うな、払うな」です。無視でも抑圧でもなくレットイットビー。

**光岡**◎やはり禅は自力ですよね。集注を導いて、自然と立ち上げる。これが他力本願だと「南無阿弥陀仏とずっと唱えていたら、なんか立ち上がってくるから」といった感じになるのでしょうね。

**藤田**◉他力というのも唱えられた当初と異なっていると思います。今どきは「願うことも自力である」というのがオーソドックスな解釈だからです。現代では自力とは「自由意志をもつ人間が個人として何かを選びとる」こと。他力は「客観的な事実に基づく」ことになるでしょう。

**光岡**◎他力の教えに自力で近づいていく。それは教えという他力がないとできません。「他」というのが過去の人たちです。道元さんがいないと一照さんは曹洞宗のお坊さんにはなれないわけです。中国の禅がないと曹洞宗は生まれなかった。そうして古の他者とコミュニケーション取っていくと、道元さんは死んでいるけれど、本人の教えが今ここで生きて助けてくれる。それを読み取る自力がないとスルーしてしまう。

**藤田**◉禅宗では他力ということは表立っては言いません。親鸞は「自力は無効だ」と言いました。これは当時の仏教界において非常にインパクトがあったでしょうね。「君たちは自分の力で悟りを開けると思っているけれど、それは無効なんだ」と言ったわけですからね。親鸞は少なくとも自分は自力の行では救われなかった。だから他力に変わった。それがかなり影響力があったということは、「自力ではやれそうにもない」という自覚のあった人は多かったということでしょう。

**光岡**◎時代の流れが変われば、それとともに身体観も変わるので、それにあった教えが新しく提示されないと、教え自体が役に立たなくなります。

**藤田**◉そういう意味では、退歩が今の時代におけるアップデートになり得るかと思います。自由意志で独自性を持ちながら客観性を持つというモデルはもうこれからは無理でしょう。

内山老師は「**進みつつ安らい、安らいつつ進む**」道を見つけることが自分のライフワークだとおっしゃっていました。そして「西洋は進みの文化、東洋は安らう文化」とも言われていました。どちらも一長一短があって、進みは下手をすると神経症に、安らいは停滞になりかねない。

**光岡**◎現代人の感性で「進みつつ安らい、安らいつつ進む」のは大変かもしれません。同時進行で「進み」と「安らい」を実行に移そうとしますから。

**藤田**◉ということは、われわれにはどちらかしかあり得ませんか？

**光岡**◎何ごとにも安らいの時と進む時があります。稽古や修行において、どちらがベースになるかを分けるのは「時」です。現象としては異なる体の層で同時に「安らいの層」と「進みの層」として存在しているでしょうけれど、それはあくまで自然現象に任せておいた方がいいでしょう。なぜなら稽古や修行では、基礎と応用を同時に行おうとすると分裂と葛藤を生むからです。

**藤田**◉安らうにも進むにも時があるということですね。

**光岡**◎しゃがむ稽古もそれが必要のない時代ならその発想は生まれません。まさに時の問題です。時代に合わせて如何に退歩するか。どう進歩と向き合うか。単純に進歩を否定しても難儀なことになるだけです。

**藤田**◉道元さんは「何必《かひつ》」、つまり「何ぞ必ずしも」という言い方をします。「必ずしもいつもそうとは限らない」という意味です。英語だと not always so。今、最適なものは何であるのかは刻々変わってく。昨日の最適は今日の最適ではない。内山老師は「昨日の悟りにしがみついていると、それは今日には悟りの干物になる」というようなことを言っています。「今の息は、今しなければならない」とも。

**光岡**◎武術もそこが問われます。「あの人は昔は凄かった」と言われても仕方がない。今ここで何ができるかが武のベースです。

**藤田**◉真の安心もそこにしかないと思います。

**光岡**◎安心があるのではなく、**「ここにいる私の存在が安心」**ではないでしょうか。

**藤田**◉はい。本当の私には属性がない。私はただ在るだけです。私は端的に今ここに存在しているだけ。それが本当にうなずければ、属性についてあれこれ悩まなくてもいいのです。属性が私だと思っているとどうしても不安になる。頭で考えても仕方ないところに常に立たされている。それが現代人です。

**光岡**◎そういう意味では、体に目を向けたいという潜在的な願望は、いまだかつてないほどあるとも言えます。何より自分の存在が知りたいわけですから。

その上で古の世界とコミュニケーションをとる稽古が大事になってきます。仏教や武術で失われたものがあります。教えが失われたというよりも、人間が変わって行ったことによる失伝です。その問題をみんなで共有できると次の世代への継承になります。その時、問題が肥やしになります。

**藤田**◉失ったことをテコにするわけですね。

**光岡**◎私にしてもちゃんと今に伝わる教えを継承できているか怪しいです。〇〇年前の時代との共感性もないのですから。そこを踏まえた上で伝えられることは何か。そういう意味で先ほど述べたように、新しい世代の方がもしかしたら私たちの世代よりも先人とのコミュニケーションがとれるかもしれません。

というのは、『虐殺器官』（伊藤計劃著、早川書房）や『ＰＳＹＣＨＯ－ＰＡＳＳ　サイコパス』といった小説やアニメの描き出す世界の方が伝統っぽいもの、古典っぽいものよりも古典的な世界や昔の武術家の死生観に近いと感じるからです。そういう作品に触れることで培われた感性に可能性を見ます。

## 死ぬのに力が必要な時代

**藤田**◉西洋哲学においては「脱構築」というコンセプトがあります。脱するとはいえ、やはり構築し、作りあげるという動きが重視されているわけです。それに対抗するコンセプトとしては、退歩の意味合いも込めて、脱落というのはどうかと思います。禅には「**身心**《しんじん》**脱落**《だつらく》」という表現があります。
「身心脱落」とは、檻の中に囚われているような不自由な身心から拘束が脱落することです。その次に起きるのは「**脱落**《だつらく》**身心**《しんじん》」。拘束が脱落すると身心はもともと脱落していたのだという再発見があります。いわば脱落した身心が自由に働いている状態です。そして「**脱落**《だつらく》**脱落**《だつらく》」。何かが脱落することも最早ない、脱落するとかしないとかを超えたところ。

東洋には目的を達成した後に「目標としていたことさえも忘れられたところ」を言わないと気が済まないところがあります。ロジックとしては、西洋よりはるかに徹底した展開になります。

**光岡**◎きっとロジックではなく経験から語っているからそうなるのでしょう。

**藤田**◉経験の後付けのためのロジックなんでしょうね。

**光岡**◎死に向かっていくという経験からすれば、確かに身心脱落から脱落身心、脱々落々《だだらくらく》の段階の方が死にやすいです。

**藤田**◉あらかじめ死んでいる状態で生きるということですか？

**光岡**◎死ぬ準備ができている状態でしょう。それに向かうには自分の中を観るしかありません。

今は死ぬのに力が必要な時代ですよね。自然に移ろえないから力まないといけない。本能が生きたがるのは当然ながら、それを自覚した途端、生きたい願望が増長してしまいます。本能に自我がしがみついてしまう。

北海道のアイヌの集落に住みながら、アイヌ文化の理解を試みようとされている方に聞いた話があります。アイヌの人たちは狩りに行って獲物が獲れなかったら、「今日は欲しくなかったんだ」と言うそうです。これは気持ちを切り替えると言うわけではなく、それが彼らにとっての事実なのです。つまり、鹿を獲れなかったことが「自分は鹿が欲しくなかった」ことを教えてくれ、獲れたら「今日は鹿が欲しかったんだ」と言うそうです。本当の自分ともうひとりの自分が他者としている。ひとりの自分は「本当は鹿が欲しくなかった自分」を観察している。それが文化として浸透しているから「そうか、今日は欲しくなかったんだ」とみんなに理解される訳です。

**藤田**◉生き死にに関して言えば、「今、死ぬ時だったんだ」となるわけですか？

**光岡**◎そうです。誰かが死んだ時に「あの人はちゃんとしていたから死ねたんだ」と言うそうです。どうも彼らの死生観は「死ねなかった」といった、死を逃す感覚が強いようです。だから「こんなに長生きしてしまった」という言い方になる。まったく和人とは死生観が違います。けれども、それは珍しいかというと、人類史において意外とそちらが普通だったでしょう。

**藤田**◉生きていることへの眼差しが違いますね。まして生きている値打ちがないという近代人の自殺願望とはまったく違う。

**光岡**◎死を求めているのではなく受け入れている。死ぬことは「特殊なことではない」としか感じられない。だから「特殊ではないことが起きなかった」という意味で「死ねなかった」ことは特殊なのです。

生きていることが良いことだというのもない。うまく死ねた。そういう感性がないと仏教や武術は成り立たないのではないでしょうか。と言うのも、どちらも生にしがみつくためにやっているわけではないからです。本当に自分がここで生きるはずだったのか。それとも死ぬはずだったのかを観るからです。

アイヌの「本当は獲りたくなかったのだ」という話と武術における立ち会いは同じです。自分が生き残る側になったら「自分は生きたかったのだ」。やられたら「今、死にたい時期なんだ」というのがわかる。アイヌだと、そういう感性は広がっても村単位だから多くの人で共有する必要はありません。それが概念的に共有されてくると宗教になります。

**藤田**◉そういう死生観は生きる条件のまったく違う現代においても必要でしょうか？

**光岡**◎そこにたどり着くまでの情報という名の雑音がたくさんあるので、たどり着きにくくなっているのは確かです。でも、途絶えたことは一回もない。なぜなら生と死が途絶えたことがないからです。共有された情報や概念が増えているため観えにくくなっている事は確かであっても、生と死の現象は変わらずあります。

**藤田**◉そうなると、生にしがみつく執着が起きたのは、いつからなんでしょう。

**光岡**◎身心脱落という言葉ができた時からその傾向はあったと思います。そうでないとその言葉は生じません。

人間が原初からある生命と本能を知り、それゆえ生きていることの自覚が発生した。その自覚を深めていくのではなく、「自分が機械仕掛けになろうとも、データに還元されようとも、どういう姿形であれ生きていいたい」という方向にエネルギーと技術を傾けてきました。

**藤田**◉死の恐怖やつらさはそれにしがみついた分だけ増えるのは間違いないところです。技術の発達で死に抵抗できたとしても、かえって死への恐怖を増大させています。

**光岡**◎先述したチベット人の脱力感や生活観のようにはいかないのは、医療をはじめとしたシステムにより身体が社会的に管理されているからです。今の社会では、生から死のみならず、「時の移ろい」を認められない。

脱落に関して言うと、若い時は力がみなぎっています。要は脱力する時ではありません。老いて来ると、若い頃にあった力が自然と衰えてきます。若い頃への懐かしさで力を取っておこうとしたり、力任せに生きようとすると、年をとることが苦しくなります。若い頃みたいに走ろうとしてもどだい無理な話です。

年相応の気と力の使い方があります。武術だと老いれば気の集注の持って行き方がうまくなり、無駄な力を使わなくなります。雑な力に頼る動きを生みだす技術は衰えても、結果として力の集注が動きや技に精密さとして現れてきます。そして、最後は力に頼らない世界になり、そうして枯れて行き、死を迎えます。

**藤田**◉個別的な生は始まりと終わりがある。それが自分だと思うとなんとしてでも終わりにしたくない。しがみつきたくなるのもわかります。

**光岡**◎動物が楽に死ねるのは、生命の自覚がないからだと思います。人間は生きていることを自覚できます。けれども生きていることは移ろいであり、しがみつく対象ではありません。

**藤田**◉仏教ではこう説いています。普通の人間（凡夫）が持っている自覚は中途半端でいい加減なものなのだ。だから「もっと徹底して自覚すべし」。

結局、思考の中で生死を捉えると、必ず捉えたものの影が恐怖心や怯えを生むのです。それを「やめろ」というと「どうやってやめるのか」とまた考えてしまう。そうではないアプローチとして体をあげて取り組む行があるのです。つまり思考ではなく体を使う。それによって思考をやめるのではなく、超えていく。

**光岡**◎体を通じて生きていることを経験的に理解するということですね。

**藤田**◉それしかありません。

**光岡**◎そうでないと自覚は生じないでしょう。他人がその人を自覚させることはできません。そうなるとやはり当人が経験から自覚していくしかない。

## これからのからだ――体の基礎をはぐくむ

**藤田◉**これからの体のあり方についてはどう考えていますか。たとえば、洋の東西を問わず、子供は音楽が流れるとピョンピョン跳ねたり、クルクル回ったり、自然に音楽に乗って動き出すでしょう。僕はそういう体になれたらいいなあと思っています。子供だから「かわいいね」ですみますが、大人だとそうはいかないので、まずいですかね（笑）。

**光岡◎**本能から来るのでしょう。ゴリラなど類人猿は特に周囲で何か起きた訳でもないのに急に嬉しそうにはしゃぎ出します。子供の衝動的な振る舞いはそれに近いかもしれません。そもそも体がはしゃぎたいし、躍動したいだけで音楽はキッカケに過ぎないのかもしれません。音楽がなくとも人は生命力と躍動感を自分の内面に持ち合わせています。特にエネルギーが内面に漲っている子供の頃や若い時分には、この生命力と躍動感を昇華させることは大事です。

もう一つ大切なことは時代にあった身体性です。これは現代社会を生きる以上、どうしても必要です。ただし、あくまで基礎は躍動感が生じる身体性と、その源のベースとなる安らぎある体です。この安らぎある体はベースであると同時に、さらに深まっていくことができます。

**藤田**◉大人になると躍動も安らぎもない、条件付けでがんじがらめの規格品のような感じの身体になってしまいます。本来の自然さのベースを失わないで、しかも社会に適応できるような身体は可能でしょうか。
**光岡**◎はい。たとえば先住民の文明への対応力はすごく高いですよ。南米のある部族の住む地域が石油メジャーのテキサコによって汚染されました。彼らは文字も読めないし現代教育も受けていない。そこで部族のひとりが勉強を始めて、弁護士になれるくらいの学力を短時間で身につけた。告訴したら裁判で勝ちました。
　あるアイヌの男性は字が読めなかったのですが、成人したあと本州に渡ってから日本語の読み書きを覚え、車の大型免許まで取ったそうです。彼は文明に順応しても体はプリミティブなままで、鹿を追って根負けしたところを素手で捕らえられるような体力を持っていました。両者とも社会に適応しつつ、ベースを失ってはいません。
**藤田**◉そういう賢くたくましい体を育てて文明にいかに対応していくかが課題ですね。ただ、体の基礎そのものが崩壊しかけているというのがネックになると思うんです。基礎を育てていく上で武術は有用だと言えますか？
**光岡**◎「武術だけ」とは言いませんが、ひとつの方便になると思います。スポーツは大衆の好みや社会形態とともに変わっていきますからレクリエーションになりはしても、ベースにはなりえないでしょう。かと言って武術なら何でもいいわけでもありません。少なくとも体や生命の基礎を教えてくれる体系である必要があります。

武術の稽古や練習は楽しいです。しかし、それは人を殺める行為を楽しむことではありません。武術は別にサイコパスやシリアルキラーを量産したい訳ではありませんから。武術の稽古においては人を殺める技術や殺められないための技法が前提にありつつも、その危うさの中で「生きていくことは愉快で、楽しい」と感じられ、そう言えるのがいい。

私たちは死がある前提で生きていて、日々食べ物を口にすることから分かる通り、必ず殺生をしています。自分が生きている限り、必ず何かを殺め食しています。そうした武術が提示する死生観を通じて、私という存在が生命として、そして「体《からだ》」として存在していることが信じられるようになると思います。

**藤田**◉武術は相手を殺してしまえる。だからこそ殺さない自覚も生まれるという話をされていました。その自覚は人格の陶冶《とうや》に繋がりますか？

**光岡**◎そちらの方がまともな人間が育つと思います。より殺傷性の高い緻密な技や術は落ちついて自分を省みられる自覚がないと用いられません。自分の内面性と技法は双方両立していますから、自分を省みる目や内観性が雑だと技も雑になります。そのように内なる目を養って行くと、命を奪えてしまう殺傷性の高い技術を用いながら自分を正当化しようとすることが言い訳がましくてできなくなります。**人は隙あらば言い訳しようとしますか**ら、それが内面からできなくなることだけとっても素晴らしい。

人間は暴力的で野蛮な側面を持っています。独裁者が核ミサイルのボタンに手をかけようとしていたら、彼を殺すこともできます。それらの選択を自分でするとき、誰かのせいにせず、大義名分という言い訳を持ち出さないでいられるか。かつて切腹の文化ができあがった背景には「自分を正当化しない」という思想があり、そのような身体観があったと思います。

欧米にこのような人がまったくいないとは言えません。しかしながら西洋的な合理主義、物質還元主義、一神教の文化が中心だと、この価値観はわかりづらいかもしれません。

**藤田**◉フィリピンやインドネシアの武術は非常に殺傷性が高いそうですが、やはりそこにも内省への方向性があるのでしょうか。

**光岡**◎無文字文化だから概念で共有することがないでしょう。そうなるとまったく違う文化と身体観を彼らは持っていると考えた方がいいです。文字を普段から用いない生活を送るだけで人間の感性は大きく変わります。それをさらに何千年も続けて来たのなら、なおのこと無文字文化の身体観を普通にしているでしょう。

彼らの武術は、鬱蒼と茂る暗いジャングルの中にひとりでいるような雰囲気を漂わせています。そのような身体観の持ち主には客観性や概念の邪魔が入りにくい。そのことと首を狩るような躊躇のなさや殺傷性の高い技術を無垢に使えてしまうことは関係しています。

もちろん東南アジアの武術を一括りにすることはできません。ただ、彼らは部族や村単位でのコミュニティを大切にし、そこで生活を送りながら武術を稽古しています。そうした暮らしで知っておく必要があることは自分とせいぜい部族のことだけです。

**藤田**◉そこで下手に思想化すると技と生活が乖離するわけですね。

**光岡**◎そうです。そこは別の挑戦が必要です。彼らの速度感は速い。森林のような静けさはありつつ、殺傷するときは獰猛な豹のようで外連味《けれんみ》がない。その両立が自然界においては問題なく成り立っているから、殺す時には躊躇なく平気でやります。武術の原初の姿はそちらです。

では、彼らの中でどういうふうに自身の行いについてのバランスをとっているかというと、おそらく動物と同じでやるときはやる。でも基本はやりたくない。なぜなら誰だって毎日殺し合いをしたいわけではないからです。無駄な殺生は無駄な体力を使うのでしない。だからサイコパスは発生しにくい。

とはいえ、西洋文明が入ってきた後の彼らの武術はがらっと変わります。獰猛な本能に論理性とテクノロジーを与えてしまったからです。そうなると面倒くさい。殺傷することに正当性が与えられ、自分の行動に対する論理性や正しさが周囲の理屈で肯定されていきます。やるなら銃器でも何でも使ってどんどんやればいいみたいな話になって歯止めが効かなくなります。一九六五年にインドネシアで起きた虐殺事件を見ると、そう思います。

**藤田**◉武器を持つと使いたくなるみたいなところがたしかにあります。

**光岡**◎それが文明化された私たちの感性です。もともと武器は生活道具から始まっています。樹木や魚や肉、野菜を切るために道具を使っていました「何か切りたい」といった漠然としたものではありません。それが戦う状況になった時に人を切る目的に用いられただけです。あくまで普段の暮らしでの使い方があってのことです。

ただ銃器や近代兵器になると、これは生活の道具ではなく殺生の道具に特化しています。先ほども言いましたが、テクノロジーという人間の概念から生まれたものが本能を促進させようとするのが文明なのです。そして、その概念を作った私たちの脳が操作欲求を満たせたことで興奮する訳です。

**藤田**◉滅多に持たない武器を持つと浮かれるのは、道具と生活が離れているからなんですね。喧嘩したことがないからどこで止めればいいのかわからないのも同じかもしれません。

**光岡**◎首狩り族が大好きなのは相撲です。水田の中で組んだり、けんけん相撲をやりながらとても楽しんでいます。一見、武術ぽいことでも同種同士では殺傷性の低いことしかしません。だから勝っても負けても笑っています。おそらく、それが洗練されてくると神事になるのでしょう。しきたりとしての相撲は殺傷性の高い技術と分けたことで、裸一貫で競い合うものとして成立しました。これが暗示しているのは、同種には殺傷技術を使ってはいけないことです。

世界は、いまや同種の範囲が人類というような、かつてないほどのレベルに拡大しており、高い殺傷技術は争うことに躊躇のない国家の保持する軍隊や反政府ゲリラといった勢力が独占しています。現代における武力が意味するのはイデオロギーや経済を優先し、人間同士の殺し合いを進める集団による殺傷技術の活用です。これらの事実を認め、受け入れた上で武術や宗教、人間としての存在の意味を改めて問う必要はあるはずです。

今の世の中心である「国家、イデオロギー、経済」と正反対にある「生命、感性、身体」を取り戻す時期に差し掛かっているよう感じます。失われた身体観を退歩により見出し、その基礎をもとに自分自身の姿を省みていく。それが私たち一人一人の答えを導き出してくれるのではないでしょうか。

# おわりに

わたしは、二〇一二年に『現代坐禅講義――只管打坐への道』（佼成出版社）という、坐禅についてこれまで考えてきたことをまとめた単著を出版した。以降、今日までに対談本を八冊上梓している。話の相手をつとめてくれたのは、エッセイスト、編集者、哲学者、僧侶、詩人、宗教学者、エンディングノートプランナー&イラストレーターと呼ばれる多才で多様な人たちだった。それは、わたしが『現代坐禅講義』のさらに先へと進んでいくための、いわば他流試合のようなものだった。

相手とのリアルなやり取りそのものから学ぶことはもちろん多いのだが、それが文字化されたものにさらに手を加え、その現場に居合わせなかった読者の方々にも読んで理解してもらえるような「書籍」という形にする作業は、それ以上に学ぶことが多かった。対談本は「一粒で二度おいしい」のである。そういうわけでどうやらわたしは、対談本に「味を占めて」しまったようだ。本書は、先行書に続く九冊目の対談本で、話の相手は武術家ということになる。しかし、少なくとも二つの点でこれまでの対談本とは大きく違っている。

まず、対談相手の光岡英稔さんには、僕の方から是非にとお願いして相手になっていただいたということだ。これまで何度も一緒にワークショップを開催している友人の藤本靖さん（ボディワーカー・身体論者）から、あるとき「一照さん、朝日カルチャーセンター新宿で一緒に講座をやってみたい、気になる人はいませんか？」という問い合わせがあった。わたしは即座に「もし可能なら、韓氏意拳の光岡英稔さんと是非やってみたいです」と返事をし、そうして実現したのが「自然体を稽古する――韓氏意拳と坐禅の出会い」という連続講座だった。本書冒頭にも記したが、光岡さんとは一〇年ぶりの邂逅だった。

そこでの通算三回のコラボ講座と、さらにわたしの住まいと晶文社の一室でのそれぞれ一回ずつのプライベートな対談が元になって、本書ができあがっている。会っていろいろなことを伺ったり、直接手ほどきを受けたいと憧れるような思いをその間ずっと抱いていた相手との対談が実現しただけではなく、あろうことかそれが本にまでなったのだから、わたしの喜びがひとしおであるのは言うまでもない。

もう一つは、わたしが坐禅の参考書の一つにしている『増補新版　ＦＬＯＷ――韓氏意拳の哲学』（晶文社）の著者で、光岡さんから韓氏意拳を習っている尹雄大さんがライターとして、本書の構成とライティングを担当してくれたことだ。

あるトピックから別なトピックへと気の向くままに突然に飛び移ったり、同じテーマに関して話していても、いろんな方向に向かってしょっちゅう枝分かれしていくような、われわれ二人の超カオス的やり取りが、見事彼のおかげで、秩序と脈絡が鮮明になった「たたき台的原稿」に生まれ変わった。その手腕には感服するしかない。わたしのこれまでの対談本では、あくまでも実際の対談の文字おこしに、加筆修正を加える程度であり、ここまでライターさんにお世話になるということはなかった。その意味でこれまでにない対談本の出来上がり方を味わうことができた。

正直に言うと、毎回、光岡さんの胸を借りるようにして、無我夢中でその場の展開についていっていたので、終わった後には自分が何をしゃべったのか、何をやったのか、ほとんど覚えていない状態だった。尹さんが作ってくれた原稿に手を入れていく過程で、光岡さんとのライブでのやり取りをまたあらためて新鮮に追体験することができた。それもまた、大きな喜びであった。

＊

以前から、光岡さんが探究していることの中には、自分が学んでいる坐禅の内奥に迫るための手掛かりがたくさん眠っているはずだという直感があった。それを直接に確かめたいという思いで毎回臨んでいたのだが、それは裏切られることがなかった。それどころかはっきりとした確信に変わっていった。韓氏意拳も坐禅も「自然体を稽古する」という矛盾そのものに真摯に取り組む修行であるという点で共通していることがよりはっきりしたのだ。実体的に「ある」感覚にではなく、なにも「ない」間（あはひ）に集注（集中ではなく）する内観の力を磨いていかなければならないこと、そしてそこで観えてくるのは近代人が常識とする意識的な身体ではなく、古（いにしへ）の身（み）であり体（からだ）であるということが納得できたのだった。

われわれ現代人が、ヨーガ、気功、スポーツ化される以前の武術、坐禅といった古の行法に取り組む時に否応なく味わう、大きな壁にぶち当たるような困難さの根本的原因は、努力の不足とか行法そのものの難度というよりはるか以前の、近代の身体（ならびに、それを支える身体観）でもって古の行法をやろうとするところにあるのではないか。光岡さんはそれを「身体的ジェネレーションギャップ」と呼んだ。もしそうだとすれば、筋力のパワーアップとか反射速度の向上を図るという近代の身体観の枠内での対処法ではなく、古の身体へと思い切って「退歩する」工夫が要求されているのではないかというのが、われわれ二人の共通認識として確認されたことである。だが、これは終わりではなくて、やっと始まりの地点にたどり着いたに過ぎない。

「退歩」とはおそらく多くの読者にとって耳慣れない表現であろう。これは道元禅師の著作の中にある「廻向返照の退歩を学すべし」という一文が元になっている。話の流れの中で、わたしがこの一文を引用したところ、光岡さんと尹さんが二人そろって「う〜ん、すごくいい言葉ですね」と思いがけないほど強い反応を示したことから、われわれの間でしばしば使われるキーワードになっていった。

さて、始まりの地点からどこへ向かってこれから歩み出すべきか？

それは、「進歩」ではなくて「退歩」でなければならない。

いまいるところから一歩、いや何百年も以前の身体に実際に立ち戻ろうとしたとき、はじめてスタートが切れるのだ。

こうして、多岐に亘ったわれわれの対談は『退歩のススメ』というタイトルを冠した本にまとまったのである。本書にちりばめられた、退歩のためのヒントがお役に立てば幸甚である。

光岡さんは、人を殺めることを前提にした殺傷技術を徹底的に磨いていくことを身上とする武術の観点に立って、今の世のあり様を「この狂った日常」と断ずる人だ。対談の時はいつもにこやかな微笑みを絶やさないが、思索の軸はそこから決してぶれない。「自他を傷つけない」という戒を基盤とする仏教を奉ずる僧侶のわたしが、ヒトの暴力性について妥協のない光岡さんとどこまできっちりと切り結べただろうか。内心忸怩たるものがあるが、対談の相手として最後まで真剣に向かい合ってくださった光岡英稔さんにはお礼の言葉もない。

この本を作るにあたって強力な助っ人役をつとめていただいた尹雄大さん、そして編集者として細やかな配慮や方向づけをしてくださった江坂祐輔さんにも心から感謝したい。

二〇一七年一一月吉日

藤田一照

**【著者について】**

藤田一照（ふじた・いっしょう）

1954年、愛媛県生まれ。東京大学大学院教育学研究科教育心理学専攻博士課程を中途退学し、紫竹林安泰寺にて曹洞宗僧侶となる。1987年よりアメリカ合衆国マサチューセッツ州西部にあるパイオニア・ヴァレー禅堂に住持として渡米、近隣の大学や仏教瞑想センターでも禅の講義や坐禅指導を行なう。2005年に帰国。神奈川県三浦郡葉山町にて独自の実験的坐禅会を主宰。2010年よりサンフランシスコにある曹洞宗国際センター所長として日本と海外を往還している。著書に『現代坐禅講義』（佼成出版社）、共著に『アップデートする仏教』（幻冬舎新書）、『禅の教室』（中公新書）など、訳書に『禅への鍵』（春秋社）など多数。

光岡英稔（みつおか・ひでとし）

1972年、岡山県生まれ。日本韓氏意拳学会（http://hsyqjapan.dreamblog.jp/）会長、および国際武学研究会（http://bugakutokyo.blogspot.jp/）代表。多くの武道・武術を学び11年間ハワイで武術指導。2003年2月、意拳の創始者、王薌斎の高弟であった韓星橋先師と、その四男である韓競辰老師に出会い、日本人として初の入室弟子となる。現在、日本における韓氏意拳に関わる指導・会運営の一切を任されている。また国際武学研究会においては国内外の武術家・武道家に限らず人間の文化、身体、歴史を経験的に探究されている方々を招いての交流イベントなども主催している。共著に内田樹との『荒天の武学』『生存教室』（集英社新書）、甲野善紀との『武学探究』『武学探究 巻之二』（冬弓舎）など多数。

[redacted]

**退《たい》歩《ほ》のススメ**
**失《うしな》われた身体観《しんたいかん》を取《と》り戻《もど》す**

2017年12月20日　初版
2019年 2 月25日　3刷

**著　者**　藤田一照×光岡英稔
**発行者**　株式会社晶文社
東京都千代田区神田神保町1-11 〒101-0051
電話　03-3518-4940(代表)・4942(編集)
URL　http://www.shobunsha.co.jp
**印刷・製本**　ベクトル印刷株式会社


ISBN978-4-7949-6983-5　Printed in Japan